하늘에서 내린 국민 사랑편지!

17일의 대한민국

17 days in Korea (January 1st - January 17th)

예감

하늘에서 내린 국민 사랑편지!
17일의 대한민국

초판1쇄   2025년 3월 1일

지은이   신보은
발행인   이규종
펴낸 곳   예감출판사
등록   제2015-000130호
주소   경기도 고양시 덕양구 호국로 627번길145-15
전화   031) 962-8008
팩스   031) 962-8889
홈페이지   www.elman.kr
전자우편   elman1985@hanmail.net
ISBN   979-11-89083-92-2   00300

값 12,000 원

하늘에서 내린 국민 사랑편지!

17일의 대한민국

17 days in Korea (January 1st - January 17th)

예감

차례

책을 펼치면서

17일의 대한민국을 하나님의 온전하신 뜻 가운데 펼쳐 냅니다. 대한민국은 유구한 역사를 가진 나라로서 바로 서야할 것을 간절히 바라며, 국민들 앞에 「하늘에서 온 사랑편지」를 엮어 내어 놓습니다.

만국의 '여호와' 하나님은 정의의 하나님, 공의의 하나님이십니다. 썩어져 가는 정치계와 법조계를 바라보시는 하나님의 심정을 토로합니다. 아울러 속히 회복되고 안정되기를 바라시는 하나님의 심정 또한 같이 담아냈습니다. 하나님께서는 대한민국이 당신의 뜻 가운데 운영될 때, 세계의 정상에 세우실 것을 약속하십니다.

50편의 메시지 속에서 대한민국을 향한 하나님의 뜻을 바로 깨닫고, 기울어져 가는 대한민국을 바로 세울 수 있다면, 더 바랄 것이 없음을 이 글을 통해 전합니다.

대한민국의 왕궁은 하나님의 왕궁입니다. 아울러 국민들은 존귀한 하나님 왕궁의 백성들입니다. 그런데 법과 정의가 편향되어서야 되겠습니까? 많은 사람들이 분노하고 있지 않습니까?

국민들이여! 어서 깨어나 하나님의 의로운 왕궁을 일으켜 세웁시다. 나라 잃은 설움을 다시는 겪지 맙시다! 저 북한을 견제하고 공산주의를 견제합시다. 오히려 공산주의를 자유민주주의로 돌이킵시다. 우리 자유 대한민국을 길이길이 빛냅시다.

수없는 갈등과 고민 끝에 이 책을 펴낼 수밖에 없었습니다. 왜냐하면 내 나라 대한민국이 마치 멸망 전의 이스라엘처럼 하나님의 뜻과 진리를 거스르고 있음을 알았기에, 그저 손 놓고 바라보고만 있을 수 없었기 때문입니다. 대한민국은 오직 하나님께서 홍해에 길을 내셨듯이, 하나님의 뜻을 따라 가야만 설 수 있습니다. 만약 대한민국 대통령이 탄핵된다면 "호미로 막을 것 가래로 막는 상황"이 될 것입니다. 아니 어쩌면 가래로도 힘겨울지 모르겠습니다. 부디 대한민국을 향한 하나님의 뜻이 이루어지길 원하며 기도하는 바입니다.

이 글의 모든 제목들과 내용 하나하나를 하나님께서 주신 대로 썼음을 밝히며, 독자들께서도 긍정 마인드 속에 복을 얻기를 축복합니다.

2025년 2월 1일
신보은 목사 씀

1. 나라 사랑

대한민국은 희망의 나라이다.

그 희망이 절망이 되어 부르짖는 소리가 높다.

대통령이 2024년 12월 3일 밤 계엄을 선포하여, 12월 14일 저녁쯤 탄핵 소추안이 국회의결에 가결되었다. 이제 헌법재판소의 재판관들을 통해 탄핵이 기각이 될지, 인용이 될지를 기다리고 있다.

엎친 데 덮친 격이라고, 같은 달 29일 아침 무안공항 여객기 대형 참사로 인해 탑승객 181명 중 179명이 사망하고 승무원 2명만이 살아남았다는 충격적인 보도와, 그 현장 앞에 국민들은 애도를 표하고 있다. 해를 넘겨 2025년 1월 4일까지 국가 애도기간으로 선포되었다.

이 혼란한 시국에 국민들은 좌우로 분열되어 이념 싸움이 치열하다. 좌우를 크게 나누면 '윤석열' 대통령 편인 우파와 '이재명' 제1야당대표 편인 좌파이다. 윤 대통령은 직무정지 상태에서 헌법재판소의 탄핵 재판을 받아야 할 입장이고, '이재명' 더불어민주당 대표는 여러 건의 재판을 앞두고 있다. 만약 이

대표 대법원 판결 전 대통령 탄핵이 인용된다면, '이재명' 대표는 죄를 덮고 대통령 선거에 출마 할 수 있는 특혜가 있다. 그러므로 여야 양당은 실상 시간 싸움에 "누가 죽고 누가 사느냐?"의 기로에 서 있는 입장이다. 대통령 탄핵 반대파와 탄핵 찬성파로 나뉜 국민들은 광화문을 비롯하여 여러 곳에 모여 매일 집회를 열고 있다.

이 혼탁한 시대에 대한민국은 어디로 가는 것일까? 매일 나라를 위해 기도하지만 답답한 마음 어찌할지? 좌우 두 파의 이념 앞에서는 가족 간의 갈등조차도 험난하다. 교회에서는 가능하다면 가급적 정치 소리를 내지 말아야 조용할 듯도 하다. 그러나 하나님의 뜻을 받은 사명자들은 목청 높여 외치고 있다. 우파의 목소리는 북한으로부터 즉 공산주의, 전체주의로부터 남한의 자유민주주의와 자본주의를 지키고자 함이요, 좌파의 목소리는 쉽게 얘기하면 북한 공산주의 체제를 수용할 기세이다. 그러나 대한민국 헌법은 자유민주주의와 자본주의를 표명한다. 또 그렇게 역사를 이어왔다. 좌파의 사상을 따라가려면 체제를 뒤바꾸어야 하는 고통이 뒤따른다. 이에 국민들은 이미 몸살을 앓고 있는가도 모르겠다. 이미 전 정권에서부터 밑작업이 시작되었기 때문이다.

아! 사랑하는 대한민국이여! 어디로 흘러가는가?

나라 잃은 설움은 말로 표현할 수 없을 것인데, 내 조국 내 나라는 어디로 흘러가는가? 원위치로 돌아와 평온하길 바라며 하루하루를 기도하련다. 내 주님 주신 마음은 나라를 지키라는 마음인데, 어찌하면 지켜낼 수 있을까?

어찌하면 남한 땅에 북한의 사상을 가진 사람들의 마음을 돌이킬 수 있을까? 마음의 부담과 안타까움을 금치 못하여 글로나마 표현할 수밖에 없음을 내 주님은 아신다.

2025년 1월 1일 새벽에.

2. 아 서울이여!

서울은 역사의 도시이다.

어느 나라도 서울과 같은 복된 도시는 없을 것이다.

이는 서울이 하나님의 손에 붙들려 있기 때문이다. 비록 영토는 비좁을지라도 세계 속에 우뚝 설 것이다. 그 누구도 하나님의 손에서 서울을 끌어 내리지 못할 것이다. 불과 같은 성령의 역사가 시작되면 걷잡을 수없이 일어날 것이다. 이미 밑 작업들이 시작되었다. 이는 하나님의 계획된 역사이다. 그런데 요즘 서울이 큰 환난을 겪고 있다. 하나님의 계획은 진행되나 사탄의 역사 또한 강하기 때문이다. 사탄이 예수를 죽이려고 십자가에 처형했듯이, 서울 또한 큰 환난이 일어나고 있다. 그러나 예수는 장사된 지 삼 일 만에 부활하셨듯이, 서울 또한 바른 법을 찾아 부활할 것이다.

서울! 서울! 서울! 대한민국의 핵심 서울!

하나님은 부르시고 또 부르신다.

그 하나님은 어떤 분이시냐? 한갓 흙으로 지음 받은 인간이 하나님을 대적하여 법을 무너뜨릴쏘냐? 혼란스럽고 혼란스럽지만 평화의 나라 이루어 가리라. 한 해 두 해 차츰차츰 이루어 가리라. 법이 무서운 줄 모르는 자가 누구냐? 열길 불속이 무서운 줄 모르는 자가 누구냐? 그런 자들은 살지 못할 것이다. 유황불 속이 무섭거든 바른 양심을 가져야 할 것이다. 누구에게나 양심이 있지 않느냐? 하나님은 심령을 살피시는 분이시다. 사람의 생각과 모든 행동을 저울에 달듯 달아보시는 이시다.

정치인들은 하나님의 서울을 지켜야 할 것이다. 6·25 한국전쟁이 어찌 일어났는지 돌아봐야 할 것이다. 호시탐탐 우는 사자처럼 삼키려 하는 서울을 어찌 방관하는가?

예루살렘 성전이 무너졌음을 모르느냐? 우는 사자는 서울을 삼키려 하건만 내 욕심만 챙기는 정치인들은 무엇을 위해 사는가? 양심에 손을 얹고 죄가 있으면 응당 벌을 받아야 할 것이라. 재판관들 또한 양심에 손을 얹고 바른 판결을 해야 할 것이다. 국민의 피 같은 돈을 받는 자들이 어찌 사리사욕을 위해 일하는가? 하나님이 진정 없다고 생각한다면 한번 시험해 봐라. 나 여호와는 각 사람의 말과 뜻과 행동을 모두 살피고 들으리라.

대한민국의 기치인 서울아!

나 여호와는 백성들의 안녕과 행복을 위해 일하고 있음을 잊지 마라. 세월은 신속히 지나 인류의 재판관인 내 앞에 설 날이 반드시 있으리라.

2025년 1월 1일 저녁.

3. 하나님의 나라

하나님의 나라는 세상나라와 다르다.

오직 하나님께서 통치하시는 나라이다.

"유대인의 왕"으로 죽임 당한 예수 그리스도의 나라이다.

이스라엘의 중심 유대(유다)는 하나님 나라의 뿌리이다. 그 뿌리에서 오늘날 기독교가 형성되었다.

대한민국은 이승만 대통령을 통해 하나님의 나라가 번창했다. 이 역사를 무시하고는 대한민국은 서지 못할 것이다. 그토록 이승만을 외치는 무리들은 하나님의 사람들이다. 하나님의 사람들은 하나님의 역사를 따라 일한다. 반면 사탄의 추종자들은 사탄의 사주를 받아 일한다. 모든 것이 영적인 싸움에 의해 승부가 가려진다. 사탄의 추종자들이 제아무리 날 뛰어도 하나님의 나라는 끝내 이기기 마련이다. 하나님은 진리의 하나님, 빛의 하나님이시다. 전지전능하신 하나님이시다. 하나님을 대적한 사탄의 추종자들은 끝내 멸망할 것임을 알아야 한다. 모든 것은 이 세상 마지막 날에 밝히 드러날 것이지만, 하늘에서 이루어진 것처럼 땅에서도 이루어지는 법이다. 또한 땅에서 매이면 하늘에서도 매이고, 땅에서 풀면 하늘에서도 풀린다. 그러므로 바른 법대로 풀어야 할 것은 사람들의 과제이다. 이를 위해 하나님께서는 도우시고 일하신다.

　다니엘은 기도 응답을 기도 시작 즈음부터 받았으나, 하늘의 악한 영들에 의해 21일 동안 그 응답이 지체되었다. 마침 미가엘 천사장이 와서 싸워줌으로 기도 응답의 승리를 거둘 수 있었다(단 10장). 이와 마찬가지로 하나님의 사역은 지체될지라도 끝내는 이기는 사역이다. 의의 하나님, 진리의 하나님은 그 속성대로 이루신다. 의를 위해, 진리를 위해 희생당한 자들의 억울함을 하나님께서는 어떤 방식으로든 위로하시고 그 눈물을 거두게 하실 것이다. 그러므로 죄가 승리하지 못하고 악이 승리하지 못한다. 진실은 마침내 승리하기 때문이다. 우리는 하나님의 의의 일꾼이 되어야 할지, 사탄의 불의한 일꾼이 되어야 할지 바로 깨달아야 살 수 있다. 산다는 것은 마치 의와 불법의 투쟁처럼, 사람마다 바른 선택의 길을 찾아 투쟁하는 것일 것이다. 하나님으로 인해 죄가 가리어진 자는 복된 자이다(시 32:1). 불의를 행하는 자는 속히 돌이켜야 하리라.

2025년 1월 2일 아침.

4. 법치국가 대한민국

대한민국은 법치국가이다.

그러나 법망을 피해 용케도 빠져나가는 술수들이 많다. 법은 지키기 위해 있는 것이거늘, 왜 법을 우습게 아는 것일까? 자신들의 이익을 위해 법을 좌지우지(左之右之) 하기도 한다. 요즘 정치권을 보자면 악법도 법이라고 잘도 만들어낸다. 이는 자신들의 당 이익을 위해서이다. 국민들을 위해 일해야 할 정치인들이 자신들의 이익을 위해 온갖 술수를 쓴다. 무차별의 탄핵도 그렇고, 특검법도 그렇고, 헌법재판소의 판사들을 당의 이익을 위해 추천도 없이 그냥 두기도 하고, 또 당의 이익을 위해 억지 추천을 하기도 한다. 세상은 요지경인양 기이한 일들이 일어나고 있다. 수없는 죄목으로 재판 중인 당대표도 있다. 그 당 대표는 자신의 죄를 덮기 위해 갖은 꾀를 부리고 있는 듯하다. 아니 오히려 자신의 죄를 덮고 대통령이 되려 한다. 대통령은 하늘이 내리건만, 스스로 대통령이 되고자 양심에 화인을 맞은 듯해 보인다. 물에 빠진 사람이 지푸라기라도 잡고 싶은 심정이니, 어찌 국민들이 그 눈에 보이겠는가? 벌써 그 주위에 여러 사람이 죽어 나갔다. 죄를 덮기 위해 거짓말을 지어내고 또 거짓말을 만들어내기도 할 것이다. 십자가에서 죽으신 예수님을 안다면 최소한 생명은 귀히 여길 터인데…

예수님은 자신의 목숨을 당시 정치 지도자들에게 순순히 내어 주었다. 죽어야 할 이유가 있기 때문에 순한 양처럼 순순히 받아들였다. 잘못이 없고 죄가 없음에도 불구하고 사람들의 생명을 위해 자신의 생명을 내어 주었다. 그런데 하물며 죄많은 인간이랴? 더 이상은 인간의 힘으로 막을 수 없을 지경에 이르렀다. 그러나 하나님의 위대하신 손이 남아 있다. 하나님은 소수의 남은 자들을 통해서도 일하시니, 그 나라는 번창하게 된다.

대통령의 지지율이 상승하고 있다. 여당의 지지율도 상승하고 있다. 여당 대표가 대통령과 적대감을 갖고 서로 등을 지니 어찌 서리요? 이제 '한동훈' 당 대표가 떠났으니 여당은 대통령과 힘을 합해야 할 때이다. 분열하고는 서지 못한다. 남한 내의 분열 또한 비극이다. 좌우로 분열된 대한민국은 어찌하랴? 헌법의 정신 따라 자유주의, 자본주의인 보수 우파로 하나 되면 좋으리라.

성경 말씀을 빌리자면 우편은 구원받을 자이고, 좌편은 구원받지 못할 자이다(마 25:31-46). 예수님도 이 땅에서 사역을 마치고 승천하여 하나님의 보좌 우편에 앉으셨다. 예수님의 사형 십자가 양편 강도 중 구원받은 십자가 강도는 우편이었을 것으로 본다. 좌편 강도는 예수님을 모욕하는 미련한 말을 하여 우편 강도와 반대로 지옥 형벌을 면치 못했다. 전도서 10장 2절에는 "지혜자의 마음은 오른쪽에 있고 우매자의 마음은 왼쪽에 있다."고 말하고 있다. 하여튼 저 북한 공산당으로부터 나라를 지키자는 뜻이다. 지켜내라 자유 대한!

2025년 1월 2일 저녁.

5. 사람의 영혼

영혼은 그 사람의 인격을 나타낸다.

그 영혼이 더러우면 더러운 인격을, 깨끗하면 깨끗한 인격을 드러낸다. 열길 물 속을 알아도 한길 사람의 속마음을 모른다 하였던가? 하나님은 사람의 속마음을 훤히 꿰뚫어 보신다. 누가 배신을 할지? 누가 충성을 할지? 미리 예견하신 분이시다. 배신할 자는 자신에게 조그마한 환난이 왔을 때 그 환난을 피하기 위해 그 위기를 견디지 못하고 돌아선다. 그러니 그 영혼의 인격이 드러나는 것이다. 제아무리 지혜가 있고 지식이 있으면 무엇 하나? 그 지혜와 지식을 옳은 방향으로 잘 쓰지 못하면 헛것인 걸…

월권인 줄 알면서도 사퇴할 각오를 하고 월권을 행했다면 그에게 돌아올 것은 무엇인가? 개인의 잇속을 위해 얕은 생각은 버려야 할 것이다. 이는 필시 멸망의 길이기 때문이다. 좋은 나무가 좋은 열매를 맺듯이 좋은 인격은 좋은 결과를 가져올 것이다. 요즘 대통령은 몸소 나라를 위해 나섰다. 생명 걸고 투쟁하는 대통령의 지지자들은 좋은 결과를 가져올 것이다. 그들의 영혼은 참과 거짓을 이미 분별하였기 때문이다. 사즉생(死卽生)의 마음으로 추위에도 아랑곳하지 않고 이 나라의 대통령을 지키고자 함이다.

상식적으로 생각해 보라. 국민의 손으로 뽑은 대통령을 지키는 것이 옳은가? 아니면 자신의 죄를 덮기 위해 수단방법을 가리지 않고, 또 대통령을 끌어 내리기 위해 선동 선전하여 나라를 혼란스럽게 해야 옳은가? 나라의 법은 물 흐르듯 평안을 위해 지켜야 할 것이다. 어찌하여 물을 거슬러 흐르게 하려는가? 물은 자연적으로 아름답게 흘러가야 하거늘 역행하려 하니 어찌 나라가 평안할 수 있겠는가? 참으로 위험한 일이 대한민국 이 땅에서 일어나고 있다. 의로운 자들은 울분하며 답답한 마음을 금치 못하고 남녀노소를 불문, 광장으로 뛰쳐나와 외친다.

탄핵 반대! 탄핵 반대! 탄핵 무효!
대통령은 나라의 얼굴이고 나라의 인격이다.
속히 대통령의 자리를 되돌려야 할 것이다. 대통령을 탄핵하려거든 네 부모, 네 형제, 네 자녀 등 가족들을 탄핵하라!!
기독교의 하나님 여호와는 예수 안에 바른 진리로 이 나라를 이끌어 낼 것이다.

2025년 1월 3일 아침.

6. 건국의 아들

　박정희 대통령은 대한민국을 일으킨 건국의 아들이다.

　처절히도 가난했던 역경을 딛고 대한민국을 일으켜 세웠다. 그런 대한의 역사적인 대통령을 좌익 세력들은 인정하지 않으니 통탄할 수밖에 없다. 그 반대로 대한민국에 아무 유익도 주지 못하고 오히려 공격만 일삼는 김일성 3대 세습의 우두머리들은 참으로 위하니, 이 또한 통탄할 수밖에 없다. 마치 바알이 백성들을 잘 살게 하는 것처럼 바알을 숭상하니 참으로 한탄스럽다.

　저 북한의 세력은 바알과 같은 세력이다. 바알이 어찌 햇빛을 내랴? 바알이 어찌 비를 내랴? 오늘날 김정은이 어찌 남한 백성들에게 좋은 것을 낼쏘냐? 더럽고 추악한 오물 풍선만 날리지 않느냐? 퍽 하면 미사일을 쏘아대지 않느냐? 그런데 어찌하여 '박정희' 대통령보다 '김정은'을 위해 수고한단 말이냐? 심히 통탄스럽구나!

　남한은 창조주 하나님의 나라요, 이승만과 박정희를 통해 세운 나라요, 자본주의와 자유주의의 나라다. 이 체제를 선대들이 이어왔건만 어찌 뒤엎으려 한단 말인가? 뒤엎으려거든 나여호와를 대적하라! 대적하는 자는 위로나 아래로나 좋은 일이 없을 것이라. 저주를 원하거든 내 손에 든 대한민국을 뒤흔들지라. 저주를 원하거든 내 손에 든 교회를 박해할지라. 어찌하여 "교회 폐쇄 법"을 논한단 말인가? 교회가 나라에 해된 일이 없고, 오히려 복을 들여왔건만 어찌 은혜를 원수로 갚으려 교회 폐쇄를 입에 담는단 말이더냐?

이승만 대통령은 내가 세운 대통령이라. 자유주의 대한민국을 세우기 위해 수많은 수난을 당했거든 어찌 그 공을 잊고 북한 세력을 추앙한단 말이냐? 종북 세력들은 화를 당하기 전 속히 돌이킬 것이라. 내 손에 이미 심판의 칼이 쥐어졌느니라. 귀한 생명 귀히 여기는 기독교의 하나님, 나 여호와는 대한민국의 모든 사람이 내 앞에 나와 예배하길 원하노라. 스님들도 나오고, 점치는 자들도, 무신론자들도 모두 나오길 원하노라. 이단의 세력들은 속히 정통교회로 돌아갈 것이라. 한 영혼 한 영혼 살피리라.

2025년 1월 3일 저녁.

7. 대한민국의 노래

　한반도는 반만년의 역사 속에 살아왔다.

　울기도 하고, 웃기도 하고, 고난과 역경 속에서도 살아남았다. 절대로 쉽게 생각해서 안 될 나라이다. 피와 땀이 켜켜이 쌓인 나라이다. 그 와중에도 분단되어 70년이 넘도록 세계 정상을 향해 나아갔다. 6·25를 잊을 수 없고, 30년 훌쩍 넘은 일제 치하를 잊을 수 없다. 그 설움이 있기에 그 설움을 발판삼아 "잘 살아보세" 이 악물고 살아왔는지도 모른다. 비가 온 뒤에 땅이 굳어진다고 고통 많은 세월들이 나라를 튼튼히 세워왔을 것이다. 이런 대한민국이 어찌 흔들릴쏘냐? 환난 중에 뿌리를 깊게 내린 대한민국이라는 나무는 쓰러지지 않을 것을 생각해 본다. 사탄은 온갖 권모술수를 동원해 대한민국 체제를 무너뜨리려 하지만 어림없는 짓이다. 환난이 올수록 더욱 뿌리를 깊게 내리는 법이다. 이제 곧 오늘의 환난을 극복하고 세계 정상 국가로 설 때임을 알아야 한다.

　사탄의 타깃은 상대의 우두머리를 무너뜨리는 것이다. 그러므로 대한민국의 우두머리인 대통령을 지켜야 한다. 어제 대통령을 체포하려고 했다가 무산되고 말았다. 경호처가 제 역할을 잘 감당해 주었고, 국민들은 한남동 대통령 관저 앞에 심지어 드러눕기까지 하며 대통령의 체포를 막아내었다.

나 여호와는 이 일에 뿌듯함을 느꼈다. 예수와 함께 이 일을 바라보며, 대한민국에 복을 내릴 것을 다짐했다. 악을 척결하고 선을 높이리라 다짐했다. 이제부턴 휘몰아치는 강한 역사로 대한민국을 바로 잡을 것이다. 더 이상은 두고만 보지 않을 것이다. 윤석열 대통령도 한덕수 국무총리(대통령 권한대행)도 일하지 못하도록 팔다리를 묶어 놓고 불법을 일삼는 무리들은 어찌될지? 돌이키고 회개하지 않으면 큰 화를 불러올 것이다. 눈 가리고 아웅 하는 시대가 아니다. 국민들은 바보가 아니다. 신은 죽은 것이 아니다. 악은 선을 이기지 못할 것이다. 불법을 자행하는 자들은 속히 가던 길을 돌이켜 옳은 길에 서라! 제주항공 희생자들의 슬픔과 눈물을 뒤로한 채 정권 찬탈에만 연연하는 무리들아! 어서 속히 나라를 다스리는 예수 앞에 겸손할지어다.

2025년 1월 4일 아침.

8. 대한민국의 영광!

　대한민국이 해외에서도 많은 인기를 얻고 있다. 이는 하나님께서 이루시는 일이다. 대한민국을 기반으로 하나님의 뜻을 펼치기 위함이다. 하나님은 대한민국을 영광스럽게 할 것이다. 그리하려면 요즘 일어난 위기를 잘 수습해야 한다. 대통령을 비롯하여 정치인들과 치안책임 장관 등 법조인들이 줄줄이 탄핵되어 직무정지 또는 공석에 이르렀다. 나라의 많은 일꾼들을 헌법 재판소에 밀어 넣었다. 대통령, 대통령 권한대행 총리, 행정안전부장관, 방송통신 위원장, 감사원장, 법무부장관, 경찰청장, 국방부장관, 서울 중앙지검장 등 심지어는 이재명을 수사한 검사들까지도 탄핵의 도마 위에 올랐다. 헌정사상 초유의 무차별 탄핵들이 벌어졌다. 마치 북한 김정은 독재를 연상케 한다. 이는 북한의 흉내를 내고 북한 체제를 따르려는 시도처럼 보인다. 헌법이 어찌 코에 걸면 코걸이, 귀에 걸면 귀걸이처럼 액세서리가 되었단 말인가? 애국자들은 앞다투어 분노를 표출하고 있다. 불법은 죄이다(요일 3:4).

"죄를 짓는 자마다 불법을 행하나니 죄는 불법이라"(요한일서 3장 4절)

나라의 제일 어른인 대통령에게 프레임을 씌워 탄핵하고 체포한다는 것은 나라를 나라로 인정하지 않는 행위이고, 대통령을 내란수괴라 하여 두 차례에 걸쳐 탄핵소추안을 가결시킨 것 또한 그렇다. 헌법 재판소에 와서는 '내란죄' 삭제를 요청했다. 이는 탄핵에 있어서 중대 사유인 '내란죄'를 "달면 삼키고 쓰면 뱉는 꼴"이 된 셈이다. 또한 이는 대통령이 내란죄를 범하지 않았음을 자인하는 격이라고도 볼 수 있다. 사실이 그렇다. 대통령이 '내란죄'를 범할 이유가 있겠나? '내란죄'는 아랫사람이 국가 원수인 제1의 자리를 차지하고자 하는 것이 아닌가? 무엇 때문에 가장 높은 자리의 통치자가 내란을 선동한단말인가? 다만 대통령 담화문에서도 밝혔듯이 어지러운 나라를 바로 세우고자 심사숙고 했을 것이다.

'헌법재판소'의 재판관들은 하루속히 탄핵 소추된 통치자들을 풀어 주어야 할 것이다. 나라의 일꾼들 손발을 묶고 어찌 나라가 평안할 수 있겠는가? 저마다 일꾼들의 맡겨진 사명을 감당할 수 있도록 조치해야 할 것이다. 편향한 판결 없이 법에 따라 조치되는 것이 신의 뜻이다.

'나봇'의 포도원을 불법으로 빼앗은 '아합' 왕과 그의 아내 '이세벨'은 하나님의 선지자 '엘리야'의 예언대로, 개들이 그의 피를 핥고 심지어 '이세벨'은 그 예언대로, 개들이 그의 살과 피를 모조리 먹어 치웠다(왕상 21장, 22장). 그 후손들은 멸절을 당했다. '아합'과 '이세벨'은 아름다운 '나봇'의 포도원을 어떻게 빼앗을 수 있었는지 성경을 보고 깨달음을 가져야 한다. '아합'은 법을 악용하여 법을 지키고자 한 '나봇'의 포도원을 강제로 빼앗은 것이다. 결과적으로 '아합'은 자신의 욕심 때문에, 하나님에 대한 율법도 사람에 대한 도리도 모두 저버린 자이다. (나봇은 이세벨이 세운 거짓증언에 의해 죽임당했다.)

2025년 1월 4일 낮.

9. 대한민국의 안정

시국의 환난을 알지 못한 국민들은 그저 대한민국이 잘 돌아가고 있는 줄로 알 것이다. 그러나 이 글을 통해 속히 많은 국민들이 나라의 위기를 알고 이에 대처하기를 원한다. 그러기에는 하나님의 나라 대한민국을 잘 이끌어 가도록 잘못된 것들을 바로잡아야 한다. 또한 그러려면 대한민국이 바로 설 수 있도록 대통령 이하 나라의 일꾼들을 제자리로 돌이켜야 함이 시급하다. 만에 하나 그렇지 못할 경우 시국은 더 혼란스러울 것이다. 호미로 막을 것 가래로 막아서야 되겠는가? 그러면 대한민국은 국제사회로부터 더욱더 불이익을 당할 것이다. 이미 상처난 대한민국에 긁어 부스럼을 만들지 않기를 바라는 바이다.

사랑하는 국민들이여!
떨리는 손으로 이 글을 쓰노라!
지금껏 잘 지탱해 온 이 나라 이 조국을 사랑하라.
이재명이 죄가 있다고 판단되면 속히 재판하라. 죄를 덮고 어찌 대통령이 되게 하려느냐? 헌재의 탄핵 재판보다는 이재명 재판이 더 시급하다. 자신은 온갖 술수로 재판을 지연해 왔지만, 법원은 속히 재판해야 할 것이다. 속히 재판하라 함은 이미 그의 모든 것을 다 꿰고 있기 때문이라. 모든 것이 원래 제자리로 돌아와야 나라는 안정을 찾을 것이라. 예루살렘을 포위한 앗수르 군사 185,000명을 하룻밤에 송장이 되게 하여 물리친 나 여호와를 잊지 말고, 속히 맡은 바 소임을 다해 일할 것이라. 대한민국이 안정되어 세계 정상에 설 것을 생각하며 일하라. 지도자들은 국민들을 바른길로 인도하라. 기독교의 사상인 자유주의에 반하는 단체들은 그 이념을 벗고 돌이키기를 바라노라. 그렇지 않는다면 개인으로나 단체로나 화를 면치 못할 것이라.

나 여호와, 심판하는 나의 손에 심판의 칼이 들렸노라. 어느 단체가 위의 앗수르 군사 185,000명보다 많으냐? 그보다 더 많다 할지라도 순식간에 쓸어버릴 나 기독교의 하나님이라. 노아 홍수 때 노아의 가족 8명만 남긴 채 모두 쓸어버린 하나님이라. 소돔성에 롯과 롯의 두 딸들만 남기고 유황불로 모두 쓸어버린 하나님이라(롯의 처는 소금기둥이 됨). 가나안 7족속을 멸하고 그 땅을 내 백성에게 언약을 따라 내려준 하나님이라. 모두 쓸어버린 이유는 하나같이 죄악에 빠졌기 때문임을 명심하라.

2025년 1월 4일 저녁.

10. 국민이여 일어나라

반만년 역사는 어디로 가는가?

지키면 이어지고 지키지 못하면 무너지리라.

동방예의지국의 바른 정신은 어디로 갔는가?

대통령을 동네 개 취급하는 못된 정신들은 어디서 왔는가? 검찰총장까지 역임한 대통령이 아니던가? 법에 대해 알 만한 사람이 아니던가? 그러면 계엄을 할 만큼 급박한 상황이 무엇인지 심사숙고해 봐야 하지 않겠는가? 스마트 시대가 아닌가? 정보는 얼마든지 알아낼 수 있건만, 허위선동에 짓눌러서인지 국민들의 반응은 참으로 더디구나. 어찌하여 대통령의 입장문을 심각하게 생각하지 않는가? 어찌하여 내란수괴에만 떠는가? "한밤중 계엄"에 위험한 큰일이 있었는지 왜 살펴보지 않는가? 선동가와 편파적인 방송보도가 문제로다. 도대체 어디서부터 어찌 수습을 해야 하나? 부와 명예를 누린 지도자들은 자신들의 안위에만 연연하구나.

국민들이여 보아라!

나라의 통치가 마비되었느니라. 이는 혁명이니라.

제동장치 없는 자동차처럼 나라는 거꾸로 달려가는데 어쩌면 좋으랴? 소망은 국민들에게 있노라. 국민 한 사람 한 사람이 깨어나야 하리라. 국민들이여 일어나라! 일어나 빛을 발하라! 어둠의 세력을 물리치라! 예수는 어둠의 세력을 뚫고 승리하였노라. 승리의 대가 예수는 대한민국을 도우리라. 두려워 떠는 자들이여 일어나라! 일어나 입을 열어 말하고 악에 분노하라. 의를 위하여 핍박받는 자 복이 있나니 천국이 그들의 것임이라. 지금 의를 위해 투쟁하지 않는다면 천국을 찾기 힘들 것이다. 눈 가리고 아웅 하는 자들을 멀리하고 손바닥으로 하늘을 가리려는 자들을 멀리하라. 티끌 같은 인간이 어찌 하늘의 뜻을 거역한단 말이냐? 나 여호와는 대한민국 체제를 뒤엎으려는 자들을 두고만 보지 않으리라. 점차적으로 많은 사람들이 "깨어나리라"라는 믿음을 갖고 함께 행동하라! 한미동맹을 돈독히 하라!

2025년 1월 5일 낮.

11. 백성들의 마음

마음은 참으로 중요하다.

성경은 마음에서 생명이 난다고 말씀하고 있다(잠 4:23).

그러므로 무엇보다 마음을 잘 지켜야 한다. 마음을 잘 지키기 위해서는 하나님의 말씀을 들어야 한다. 말씀 또한 생명이기 때문이다. 예수님은 내가 길이요 진리요 생명이라고 말씀하셨다(요 14:6). 이 예수님은 곧 말씀, 말씀과 동격이다. 말씀이 육신이 되어 이 땅에 오신 분이 예수님이시다. 하나님 말씀을 통해 예수님의 마음을 얻고 예수님의 마음으로 살아가야 한다. 그런데 하나님을 모르고 성경을 모르는 백성들은 예수님의 마음과 멀어져 살아간다. 많은 백성들이 진정으로 예수님의 마음을 닮길 원하는 바이다.

우리말에 "알아야 면장을 한다."는 말이 있다. 예수님의 마음은 어떤 마음일까? 지금의 이 시국을 내려다보신 예수님의 마음은 어떠실까? 정치인들의 마음, 법조인들의 마음을 예수님의 마음에 비추어본다면 무엇이 옳은지 무엇이 그른지 구별될 것이다. 사람마다 양심이 있기 때문에 자기 자신이 옳은 길을 가고 있는지, 아니면 그른 길을 가고 있는지 알 것이다. 안다면 옳은 길을 가는 자는 그대로 옳은 길을 가고, 그른 길을 가고 있는 자는 속히 그 길에서 돌이켜야 생명을 보존할 수 있을 것이다. 사람이 천하를 얻고도 생명을 잃으면 무슨 소용이 있는가? 하나님은 자비하신 하나님이시다. 그 하나님 앞에 바른 양심을 찾아야 할 것이다. 바른 양심으로 살 때 하늘의 복을 누릴 것이다. 죄를 짓고 어찌 서겠는가? 치러야 할 죗값이 있다면 그 죗값을 치른 후에야 바로 설 수 있으리라.

많은 사람들이 바른 양심, 바른 마음으로 살아 갈 때, 나라는 힘을 얻고 부강해질 것이다. 바른 사람들이 힘을 합하면 무한한 일을 이루리라. 나 예수는 온 국민이 예수의 마음으로 뭉쳐 서기를 원하노라. 예수 그리스도의 반석 위에 굳게 서길 원하노라.

2025년 1월 5일 저녁.

12. 힘 있는 나라

나라의 힘은 어디서 오는가?

나라의 힘은 온 국민이 한마음으로 한뜻을 이룰 때 강하다.

요즘같이 이념으로 편 가르고, 파당 싸움을 일삼으면 강한 힘을 발휘하기 힘들다. 오히려 나라의 쇠퇴를 가져올 뿐이다. 그러나 또 위기를 기회로 삼아 하나 된 뜻을 이룬다면 전화위복이 될 것이다. 그러므로 백성들은 바른 길 위에 함께 서야 한다. 이번 계엄으로 인해 반국가 세력은 속속히 드러났다. 대통령 주위에도 집권당 내에도 뜻을 같이하지 못할 사람들이 있다. 그런 사람들은 제일 먼저 뜻을 돌이켜야 되리라. 만에 하나 저 북한 괴수들이 쳐들어온다면 흔쾌히 문을 열어 줄 자가 있다는 것이다. 6·25도 그와 같이 일어난 것 아닌가? 저 북괴군이 쳐들어온다면 온전히 하나 되어 막아내야 할 터인데, 어림잡아 30~40%는 자살골을 넣을 사람들이다. 또한 자기 살기 위해 피할 자는 얼마나 될까 생각해본다. 전쟁이 일어나지 않으면 좋으련만 그것이 어찌 좋은 대로만 흘러가랴?

우리는 한마음 한뜻을 이루어 나라를 지킬 수 있는 마음을 가져야 한다. 내분을 잠재우고 헌법 위에 바로 서야 한다. 헌법에 따른 자유주의 사상에 맞서는 전체주의와 사회주의 또는 공산주의 사상가들은 뜻을 돌이켜야 하리라. 김일성 주체 사상가들은 속히 그 사상을 버리고 전향하라. 예전에 통진당(통합진보당)이 반국가 세력이어서 해체되었건만 또다시 부활함은 어쩐 일인가? 나라의 대통령은 힘써 이들을 저지해야 한다. 국민들 또한 주사파 세력들의 사상을 돌이키도록 힘써야 한다. 생명이 그만큼 소중하기에 끝까지 권면하고 전향할 수 있도록 힘써야 한다.

북한과 중국은 한편이라. 한국과 미국은 동맹국가라. 우리는 북한과 한편인 중국을 위해야 하는가? 아님 동맹국가 미국 편에 서야 하는가? 윤석열 대통령은 외교정치를 잘하고 있는 통치자라. 동맹을 파기하지 않고는 적대시하지 못할 터인데 어찌 미국보다 중국 편을 들 것인가? 그러나 중국도 외면치는 말아야 할 것이다. 그러나 중국이 한국에 해가 된다면 적대시해야 함이 마땅하다. 문재인 전 대통령은 윤석열 현 대통령과 상반된 외교관계를 펼치므로 나라가 이미 혼란스러워졌다. 어찌 중국인들이 한국에 들어와 한국인보다 더 우대를 받는단 말인가? 이는 미련한 정치라. 국민들은 대통령의 계엄 의지를 잘 파악하여 바른 길에 설 것이라.

2025년 1월 6일 아침.

13. 영광의 나라

영광의 나라는 하나님의 나라이다.

하나님이 통치하시는 나라요 빛 된 나라이다.

대한민국이 점점 빛을 잃어가고 있는 것을 보면 안타깝기 그지없다. 하나님의 뜻을 조금만 파악해도 영광의 나라를 이룰 수 있건만, 날로 발악하는 사탄의 공격에 약해져만 가는구나. 사탄은 거짓말쟁이요, 사람의 행복을 생각하지 않으니 무자비하게 공격해 나간다. 그러나 사랑의 하나님, 자비의 하나님은 인간의 행복을 생각하기에 조심성 있게 더디 이루어 간다. 그렇지만 더딜지라도 반드시 영광의 나라 대한민국을 이루어 가리라. 은혜가 많은 곳에 사탄의 공격도 많다. 대한민국은 이번 계엄으로 인한 사태를 잘 이겨내면 필시 세계를 향한 영광의 빛 된 나라를 이루리라.

미국과 한국은 하나 되어 하나님의 뜻을 좇아 잘 나아간다면, 두 나라가 나란히 세계 정상에 서리라. 많은 예언가들이 한반도의 복을 말하지 않느냐? 사탄도 한반도에 부어질 복을 알기에 이토록 발악을 하는구나. 한반도가 얻을 복을 알기에 그

복을 저지하려 날뛰는 영의 세력이 사탄의 세력이노라. 이들의 세력은 멸망으로 가는 세력이다. 생명이 없는 거짓 세력이라. 사탄의 추종자들은 돌이키지 못하면 살지 못할 것이라. 사람마다 그 속에 받은 영들이 있어 그 영의 종으로 살아가노라. 누구는 의의 종으로, 누구는 불의의 종으로 살기도 하고, 더러는 이도 저도 아닌 미지근한 영들도 있도다. '김문수' 고용노동부 장관을 보면, 그는 가던 길을 깨닫고 잘 돌이킨 자라. 이처럼 많은 사람들이 의의 종으로 돌이키길 바라노라. 사도 바울과 같이 돌이키면 큰 영광 받으리라. 돌이키는 자들이 속속 나타날 때 큰 영광의 나라 대한민국을 이루어 가리라. 남한 내에서 먼저, 온 국민이 하나 될 때 저 북한 땅을 차지하게 하리라. 그리하면 세계 정상국가로 설 것이라.

2025년 1월 6일 낮.

14. 필요한 사람

사람은 누구나 저마다 자기 소명을 가지고 태어난다. 그런데 요즘은 자기 소명에서 떠나 사는 자들이 많도다.

주어진 소명은 이 모양 저 모양으로 다양하다. 누구는 대통령으로, 누구는 정치인으로, 누구는 농부로, 또 누구는 어부로, 또 누구는 가르치는 자로서 제각기 다양한 소명을 가지고 살아간다.

사기꾼으로 사는 자가 누구냐?

사회에 혼란을 끼치는 자가 누구냐?

의를 핍박하는 자가 누구냐?

이런 자들도 제각기 본래의 자기 소명을 타고 태어났건만, 어찌하여 그리 사는가? "하늘은 스스로 돕는 자를 돕는다."는 격언이 있듯이, 하나님은 자신의 소명에 충실한 자들을 돕는다. "하늘이 무너져도 솟아날 구멍이 있다."고 하지 않느냐? 이는 필시 이런 자들에게 하나님은 다 아시고 길을 내시기 때문이다.

신이 없다고 말하지 말라.

유한한 인간이 어찌 무한한 하나님을 없다 하느냐? 하나님은 무에서 유를 창조하신 이시라. 흑암 중에 천지를 창조하시고, 사람 곧 남자와 여자를 창조하셨느니라. 사람을 창조하실 때 어찌 악한 사람으로 창조했겠느냐? 남녀 모두 하나님의 형상을 따라 선하게 창조했건만 사탄의 영향을 받아 악하게 되었느니라. 그러나 예수를 통해 성령을 부으시고 선한 사람으로 재창조하느니라. 예수를 영접하면 성령을 선물로 받아 선한 사람으로 성화되어 가노라. 그러므로 사람들은 예수 안에 새 생명을 찾아 가는 인생이로다. 끝내는 구원의 완성을 이루어 악이 없는 선한 영으로만 천국에서 세세토록 살아갈 것이라. 악에 둔하고 선에 기뻐할 자 누구뇨? 그는 예수 앞에 나와 성령의 기름부음에 흠뻑 젖은 자이니라.

아아! 범죄한 인간이여!

어서 예수 앞에 나오라. 악한 마음 선하게 하리라. 그른 양심을 옳은 양심으로 바꾸어 주리라. 그리하여 세상에 꼭 필요한 사람으로, 보냄 받은 자리에서 빛 된 사명을 잘 감당케 하리라.

2025년 1월 6일 낮.

15. 하늘의 영광

땅에서 영광이 크면 하늘에서도 크다. 반면 땅에서 낙심되면 하늘에서도 그에 맞는 일이 일어난다. 모든 것은 영적인 것과 육적인 것이 같이 움직인다. 영적인 것은 사람의 생각을 통해, 말을 통해 나온다. 생각과 말이 나오면 행동으로 옮겨지기 쉽다. 그러므로 영육이 함께 움직이는 셈이라고 할 수 있다.

예수님의 12제자 중 가룟 유다는 왜 예수님을 은 30에 팔아 넘겼는가? 이는 성경에 명시된 대로 마귀가 가룟 유다의 마음에 예수(스승)를 팔려는 생각을 집어넣었기 때문이다(요 13:2). 그러면 마귀는 왜 하필 가룟 유다의 마음에 나쁜 생각을 집어넣었을까? 이는 가룟 유다가 돈에 욕심을 품은 자인 줄 알기 때문에 마귀란 놈도 자기가 일하기 쉬운 사람을 선택해서 사용하는 것이다. 그러면 사람들은 돈의 욕심을 내려놔야 한다. 뇌물을 받아 넘어지는 자들이 많이 있지 않는가? 어디 뇌물의 욕심뿐인가? 명예욕, 권세욕 등 모든 것은 욕심에 의해 죄를 낳게 된다. 죄의 삯은 사망이다(롬 6:23).

그러므로 사람은 욕심을 내려놓고 영광된 삶을 추구해야 한다. 땅에서 영광된 삶이라면 하늘에서도 영광이다. 하나님은 땅에서 영광스럽게 사는 자들을 당신의 편으로 이끄시기 때문이다. 하늘의 영광도 크고 작은 구별이 있고, 죄의 징벌도 크고 작은 구별이 있다. 나그네 길의 모든 인생이 하나님의 책에 낱낱이 기록되어 하나님 앞에 서는 날에는 핑계할 수 없이 드러난다.

대한민국 사람들이여!
나쁜 삶의 습관을 버리고 하늘의 영광된 삶을 추구하라. 의로우신 재판장이 나타나실 때 상급으로 갚아 주리라.
재판관들은 바른 재판을 하라!
정치인들은 바른 정치를 하라!
교수와 교사들은 선악을 잘 분별하여 가르치라!
현장에서 뛰는 노동자들은 양심껏 일하라!
대한민국의 모든 사람들은 맡은 자리에서 성실히 살 것이라. 인생의 심판이 반드시 있으리니, 그때를 생각하라. 남을 억울하게 말 것이며, 가진 자는 없는 자를 무시하지 말고, 가진 것을 나누며 살 것이라.

2025년 1월 6일 저녁.

16. 작은 나라 대한민국

이스라엘과 같은 대한민국은 하나님의 선택된 나라이다. 이스라엘이 작은 나라이듯이 대한민국 또한 작은 나라이다.

"너는 여호와 네 하나님의 성민이라 네 하나님 여호와께서 지상 만민 중에서 너를 자기 기업의 백성으로 택하셨나니 여호와께서 너희를 기뻐하시고 너희를 택하심은 너희가 다른 민족보다 수효가 많기 때문이 아니니라 너희는 오히려 모든 민족 중에 가장 적으니라" (신 7:6-7)

하나님은 이렇게 작고 볼품없는 나라나 사람들을 크게 들어 쓰신다.

"하나님께서 세상의 미련한 것들을 택하사 지혜 있는 자들을 부끄럽게 하려 하시고 세상의 약한 것들을 택하사 강한 것들을 부끄럽게 하려 하시며 하나님께서 세상의 천한 것들과 멸시 받는 것들과 없는 것들을 택하사 있는 것들을 폐하려 하시나니 이는 아무 육체도 하나님 앞에서 자랑하지 못하게 하려 하심이라" (고전 1:27-29)

하나님은 위의 말씀처럼 미련한 것들, 약한 것들, 천한 것들, 멸시받는 것들, 없는 것들을 택하여 당신의 영광을 드러내신다. 이스라엘과 대한민국을 택한 이유도 이 때문이다. 작은 나라 대한민국은 저 광대한 나라 중국을 능가할 것이다. 다만 하나님의 뜻에 맞게 자유주의 사상으로 하나 되어야 한다. 하나님은 기필코 자신의 계획을 따라 일하실 것이다. 남한이 자유주의 사상으로 하나 되는 속도에 따라 한반도의 발전은 비례할 것이다. 그러나 내분이 있고는 절대 서지 못하리라.

자유 우파 국민들을 도우리라. 힘을 내어 주사파 사상자들을 돌이키라. 뜻이 다르다고 하여 적대시하지 말 것은 소중한 내 민족, 영적 내 가족이기 때문이라.

그러나 한 마리 미꾸라지가 온 방죽을 구정물로 만든다면 그 미꾸라지는 처결할지라. 때론 대의를 위해 소수를 희생시킬 필요도 있느니라. 나 여호와는 죽이기도 하고 살리기도 함을 기억하라. 높이기도 하고 낮추기도 함을 기억하라. 바벨론 왕 '느부갓네살'을 올렸다가 다시 7년간을 들짐승과 살도록 낮추었다가 다시 또 왕으로 높였느니라. 이는 깨달음을 위함이라. 이로 인해 '느부갓네살' 왕은 하나님의 통치하심을 찬양했노라(단 4:34-37).

"그러므로 지금 나 느부갓네살은 하늘의 왕을 찬양하며 칭송하며 경배하노니 그의 일이 다 진실하고 그의 행하심이 의로우시므로 교만하게 행하

는 자를 그가 능히 낮추심이라"(단 4:37)

2025년 1월 7일 아침.

17. 다양한 사람들

사람의 모습은 각기 다르다. 비슷한 사람이 있을 수도 있지만 똑같은 사람은 없다. 심지어 여러 쌍둥이들도 그 모습이 다르다. 내적인 사람(영혼) 또한 제각기 다양하다. 좋아하는 것도 다양하고 취향도 서로 다양하다. 그러면 다양한 모습이나 취향에는 옳고 그름이 없을 것이다. 손이 발더러 너는 왜 그리 이상하게 생겼느냐고 말하지 못한다. 입이 코더러 더럽다 하지 못한다. 이와 같이 A라는 사람이 B라는 사람을 이상하다고 말할 수 없는 것이다. 나아가서 사람을 비판하지는 말아야 한다. 다만 옳고 그름은 말할 수 있을 것이다.

사람은 누구나 죄를 짓는다. 정도의 차이는 있을 것이다. 하지만 사람 자체는 귀하다. 그 안에 영혼이 있기 때문이다. 영이 없는 짐승들도 함부로 못하거든 하물며 사람에게랴? 그런데 안타깝게도 사람을 짐승 취급하는 자들도 있다. 이들은 하나님을 의식하고 마음을 고쳐먹기를 바란다. 본래 사람은 하나님의 형상으로 만들어졌기에 모두가 귀한 것이다. 왜 인권을 유린하는가? 그렇다고 불법을 행하면서까지 사는 사람들의 행동을 귀히 여기라는 것은 아니지만, 대부분 강자가 약자를 무시하거나, 가진 자가 없는 자를 멸시하거나, 잘난 자가 못난 자를 핍박하는 그런 일은 없어야 잘 사는 나라일 것이다. 바로 천국이 그런 곳이다. 어떤 면에서 넘치는 자들이, 부족하고 결핍된 자들을 도우며 살아야 할 것이다. 하나님은 누구에게든 잘 할 수 있는 달란트를 주셨으니, 사람은 서로서로 윈윈(Win-Win) 관계를 맺으며 살아가야 한다. 공부를 잘 하는 학생은 운동을 못하는 경우가 많다. 반면 운동을 잘 하는 학생은 공부를 싫어하는 경우가 많다. 둘 다 잘하면 좋겠지만 그런 경우는 드물다. 성경이 이를 말하고 있다.

"다 사도이겠느냐 다 선지자이겠느냐 다 교사이겠느냐 다 능력을 행하는 자이겠느냐 다 병 고치는 은사를 가진 자이겠느냐 다 방언을 말하는 자이겠느냐 다 통역하는 자이겠느냐"(고전 12:29-30)

"우리에게 주신 은혜대로 받은 은사가 각각 다르니 혹 예언이면 믿음의 분수대로, 혹 섬기는 일이면 섬기는 일로, 혹 가르치는 자면 가르치는 일로, 혹 위로하는 자면 위로하는 일로, 구제하는 자는 성실함으로, 다스리는 자는 부지런함으로, 긍휼을 베푸는 자는 즐거움으로 할 것이니라"(롬 12:6-8)

2025년 1월 7일 낮.

18. 피의 나라

피는 생명이다. 사람에게 피가 없다면 그 사람은 살 수 없다. 우리는 피의 소중함을 너무 잘 알고 있다. 땅에 흘린 피는 헛됨이 없다. 6·25 한국전쟁을 통해서 많은 피를 흘렸다. 필자의 부친도 6·25 전쟁 때 많은 피를 흘리고 평생 다리를 저는 장애인으로 사셨다. 그 피가 오늘의 대한민국을 살렸다. 미군이 흘린 피도 마찬가지로 값진 피다. 그러므로 한국과 미국은 피로 맺은 동맹국이다. 피는 물보다 진하다고 말들 한다. 그런데 어찌하여 피로 맺은 동맹을 끊으려 하는가? 한미동맹을 달가워하지 않고 "미군 철수"를 외치는 자들이 과연 어느 나라 사람인가? 참으로 무모한 자들이다. 앞뒤 따지지도 않고 맹목적인 사람들이 있구나. 미군 철수를 외치는 자들은 저 북한에 가 모질게 굶주려 봐야 정신을 차릴쏘냐? 앞으로 이런 단체들은 사라지게 해야 한다. 아무리 표현의 자유니, 민주주의니 해도 피로 맺은 동맹을 나라의 이익도 없이 깨려 해서는 안 될 것이다. 무엇이 득이고 무엇이 실인가를 잘 파악해야 할 것이다.

6·25 때 맥아더 장군이 이끈 미군이 와서 도왔기에 오늘의

대한민국이 있지 않는가? 은혜를 모르는 자들은 은혜 받을 자격이 없을 것이다. 그러므로 이런 자들은 은혜 없는 북한으로 가서 살아보면 대한민국의 소중함과 은혜를 뼈아프게 느낄 것이다. 그렇지 않으려거든 속히 미군을 인정하라! 미국에 감사하라!

기독교의 하나님은 미국과 한국을 무시하는 나라를 눈여겨볼 것이라. 이 두 나라는 하나님께서 특별히 세우신 나라이고, 특별히 맺어주신 나라이기 때문이라. 어느 누가 자기 자식을 무시하고 핍박하는데 좋아 하겠느냐? 미국과 한국은 하나님의 장자와 같은 나라라. 일찍이 이스라엘을 하나님의 장자라 하지 않았더냐? 이스라엘이 예수님을 받아들이지 못하고 십자가에 못 박아 사형시킴으로 하나님의 사랑은 이방인에게로 옮겨왔느니라. 이방인 중 대한민국은 이스라엘과 같이 하나님의 장자와 같은 나라라. 세계가 하나님께 속하였지만 한국은 특별하다는 뜻이다. 한국은 이스라엘의 뿌리를 받아 가지를 잘 뻗은 나라라.

피의 나라 대한민국이여!

일어나라! 빛을 발하라! 이는 네 빛이 이르렀고 여호와의 영광이 네 위에 임하였음이니라(사 60:1).

2025년 1월 7일 낮.

19. 탄핵놀이

법치주의 나라에 무차별적인 탄핵놀이가 불붙었다. 대한민국 역사상 전례 없던 일이다. 당 대표 한 사람을 지키고자 또는 정권을 찬탈하고자 또는 체제를 바꾸고자 벌어진 일이라고 반대파들은 주장하며, 분노의 목소리를 높이고 있다. 대통령이하 주요 행정기관장들을 줄줄이 탄핵으로 직무 정지시켜 국정을 마비시키고 있다. 정세가 어찌 바뀔지 모르는 판국에 헌법재판소 8인 중에도 바른 판결보다는 이념에 치우친 판사들이 있다. 어찌하여 대한민국이 막다른 곳에 다다랐는가?

저 무법자들은 "못 먹어도 Go"이다. 일단 탄핵으로 저질러 놓고 나라의 체제를 혼돈스럽게 끌어가고 있다. 무안공항 179명의 영혼들이 저 위에서 내려다보고 뭐라 말할까? 살 수도 있었던 영혼들을 불법 장치에 의해 또는 불법 허가에 의해 죽게 하고 어찌 또 통치하려 하는지 심히 개탄스럽구나.

무엇을 위해 또 수백억을 들여 추모공원을 세운다고 거론하는지? 추모공원을 세운다고 179명의 영혼들이 돌아올쏘냐? 국민들은 개탄을 금치 못하건만 국민들의 마음은 누가 위로할까? 누가 어루만져 분한 마음을 멈추게 할까? 대통령은 무차별 탄핵으로 혁명을 하려는 저들을 저지하기 위해 계엄을 선포했건만, 계엄선포에는 꿈쩍 하지 않고 오히려 "때는 왔다" 광란의 칼춤을 추는 듯하구나! 대통령이 부정선거를 문제 삼았으면 부정선거에 대한 조사가 이루어져야 마땅하건만, 누구하나 부정선거를 밝히고자 함에는 1도 관심이 없고, 자신들의 목적 달성에만 전전긍긍하구나. 국가의 녹을 먹고 사는 자들이 나라의 안위는 뒤로한 채 대통령의 계엄을 내란으로만 몰고 가고 있으며, 끝내는 대통령 파면을 위해 달리고 있구나. 대통령에게 내란수괴라 명명 하였으니 대통령이 정녕 바보인가? 정녕 국민들은 바보인 사람을 대통령으로 뽑았던가? 그렇지 않다면 대통령의 통치 행위에 민감해야 하리라! 이번 대통령이 탄핵된다면 나라는 더 혼란스러울 것이다. 가정이든 사회단체든 나라의 대통령이 든든히 서야 튼튼하지 않겠는가?

탄핵! 탄핵! 탄핵! 이제 멈추고 되돌려야 하리라. 더 이상 나가면 대한민국은 더 힘들 것이다. 최소한도 국무총리는 탄핵시키지 말았어야 했건만, 양심에 화인 맞은 '더불어민주당'은 각성하라! 하늘에서 내려다보고 있노라!

2025년 1월 8일 아침.

20. 하늘이 무너져도

하늘이 무너져도 솟아날 구멍이 있다.

사방이 가로막혀도 길은 있다. 하나님만이 길이시기 때문이다.

하나님은 어지러운 대한민국에 길을 열 것이다. 마침내 저 북한을 통합하고 세계를 향해 나아갈 것이다. 예수 십자가의 피가 대한민국을 부르고 있다. 저 북한 땅에 다시 예수 십자가를 곳곳에 세우기 전까지 하나님은 포기치 않고 대한민국을 통해 일할 것이다.

나라마다 그 나라를 잡고 있는 신이 있다. 대한민국을 통해 헛된 신들을 무너뜨리고 참 길이신 예수 그리스도의 피로 세계를 점령할 것이다. 이것만이 역사의 시작이요 끝이다.

"또 내게 말씀하시되 이루었도다 나는 알파와 오메가요 처음과 마지막이라"(계 21:6)

인간의 한계를 알고 있다면 참 신을 대적하지 말라. 하나님은 무너진 대한민국이라도 다시 세울 것이다. 하나님께는 하루가 천 년 같고 천 년이 하루 같다(벧후 3:8). 교회를 핍박하거나 목사를 핍박하지 말라. 못된 교회도 못된 목사도 다 예수 이름으로 세웠노라. 그러므로 예수 이름을 핍박하지 말고 자신의 죄를 회개하라. 기도하는 자는 계속 기도하고, 봉사하는 자는 계속 봉사하고, 가르치는 자는 계속 가르치고, 전도하는 자는 계속 전도하라. 이 땅에 예배하는 소리가 우렁차게 울리리라.

악에 둔하고 선에 민감 하라. 영적 성장을 위해 하나님의 말씀을 가까이 하라. 대한민국 모든 사람들이 한날한시에 예배하기를 원하노라. 하늘의 상급이 크리라. 세계 다른 나라에 비해 대한민국 사람들의 상급이 더욱 크리라. 이는 대한민국이 스스로 잘나서가 아니요, 하나님의 선물이라. 일찍이 이승만 대통령과 언약한 이래 대한민국은 하나님의 오른손에 붙들린 나라라. 작은 나라 대한민국은 힘을 내어 바로 서라! 일어나라! 승리하리라!

2025년 1월 8일 점심.

21. 천하에 귀한 이름

사람은 죽어서 이름을 남긴다는 말이 있다.

이순신 장군, 맥아더 장군, 한글을 만든 세종대왕 등 많은 이름들이 몸은 죽었어도 그 이름은 살아 있다. 반대로 악명으로 남아 있는 이름도 있다. 호랑이는 죽어서 가죽을 남긴다는데, 악명을 날리는 이름이 되어서야 되겠는가? 천년만년 살 것도 아니면서 고작 몇십 년 살아 보겠다고 발버둥치는 인생들이구나. 하기야 신의 역사를 모르고 내세의 세계를 생각하지 않으니 제멋대로 살 것이다. 그러면 즉 내세가 없다면 손해를 보고서라도 의를 위해 투쟁하는 자들은 무엇인가? 그들의 인생은 어디서 보상을 받나? 내세가 없다면 너무 불공평하지 않는가? 하나님은 영원히 당신의 백성들을 거느리고 통치하실 분이시다. 만약 하나님이 안 계신다면 기독교인들은 제일 불쌍한 사람들이다. 그런데 다행히도 기독교인들은 하나님을 체험하고 느끼니 가장 행복한 사람들이다. 그 이름이 하늘 생명책에 기록되어 아름다운 천국에서 영원히 살 것이기 때문이다.

그러면 불신자들은 밑진 셈치고 교회에 나아오는 것이 낫지 않겠는가? 나 여호와는 내 종들을 통해 수없이 나를 증거하고 있노라. 말씀을 들을 때 나 여호와는 역사하리라. 코로나 때문에 많은 교회가 문을 닫았다고 하지만, 그것은 본디 내 뜻이 아니니라. 이제 경기가 좋아지면 또 살아나리라.

사람들아! 천하에 귀한 이름이 되고자 하느냐? 그러면 예수 앞에 나오라! 하늘 생명책에 귀한 이름 새겨놓고, 하늘 맨션 멋지게 지어 놓고 기다리마. 이 세상의 맨션과 비교될 수 없이 좋은 집으로 내려주마. 이는 대한민국 사람들에게 주는 특혜니라. 땅에서 이루어진 것 같이 하늘에서도 이루어지리라. 땅에서 쌓으면 하늘에서도 쌓이리라. 악은 버리고 선을 쌓으라. 하늘에 쌓은 노력은 영원하리라. 온 세상이 검게 물들어도 대한민국은 빛을 발하기를 원하노라. 영원한 하나님의 나라를 완성하여 새 나라를 이루기를 원하노라. 너희는 세상 끝날 "새 하늘과 새 땅"에 들어갈 귀한 이름들이라!

2025년 1월 8일 저녁.

22. 왕궁의 도마뱀

도마뱀은 득템(得item)도 없이 왕궁에서 잘도 살아간다.
이는 성경에 있는 말이다.

도마뱀의 지혜를 누가 막을쏘냐? 잡힐 만하면 빠져나가고,
잡힐 만하면 빠져 나가는구나. 요즘의 일을 일으키는 악한 세
력들이 꼭 이와 같도다. 하나님이 만들어 놓은 왕궁에서 "나 잡
아봐라"며 놀리는 자들이라.

하나님이 손이 짧아 못 잡겠느냐?
하나님이 힘이 없어 못 잡겠느냐?

가라지를 뽑다가 알곡이 상함이라. 하나 언제까지 봐 주겠느
냐? 지금 당장 돈도 빼앗고 건강도 빼앗고 그 지혜도 빼앗고 싶
지만 기다리노라. 수없이 경고하고도 듣지 않는다면 그 도마뱀

의 끝 날이 있으리라.

왕궁의 지도자들이여!
도마뱀과 짝하지 말라. 이는 필시 무너지는 길이라.
한 나라의 대통령을 지키겠다고 그 혹독한 눈 속에서도 차디찬 바닥에 자리를 깔고 앉았구나. 이를 보고도 무심한 도마뱀은 누구 누구뇨? 어찌 참된 지도자가 이를 보고 끝내 등지려 한단 말인가?

대한민국 내 백성을 살피라!
대한민국 내 백성을 지키라!
대한민국 내 백성을 위로하라!
언젠가는 이 일을 잊지 않고 말하리라.

마음대로 법을 고쳐 입법하는 무리들이여!
너희들은 그 법을 다 꿰고 있느냐?
너희들은 그 법을 다 지킬쏘냐?
어쩌면 그 법이 네게 다시 가시가 되어 돌아올 수도 있으리라.
헌법재판소 일만 해도 그렇지 않느냐? 탄핵을 위해 6명으로 머무르게 하더니, 이제는 대통령 탄핵을 위해 대행에 대행을 통해 월권을 행했지 않느냐? 입맛대로 법을 고치니 개탄스럽기 그지없다.

내 궁의 도마뱀은 속히 물러나길 원하노라.

2025년 1월 8일 밤.

23. 개미의 부지런함

부지런한 자는 미래를 위해 준비한다.

게으른 자는 개미에게 가서 부지런함을 배우라는 말씀이 있다(잠 6:6). 개미는 감독자도 없고 통치자도 없으나 겨울에 먹을 양식을 여름에 비축한다. 그러나 개미처럼 살지 못한 자들도 있다. 그냥 계획 없이 막 사는 사람들도 있다. 그러면 그 지혜가 개미만 못하는 것인데, 그래서야 되겠는가? 만물의 영장인 사람이 아니던가? 사람은 사람다워야 사람이다. 비록 빈약한 꿈일지라도 꿈이 있어야 사람이다. 막가파들도 사형선고를 받고 예수를 만나 꿈을 꾸었다. 수백 명의 영혼들을 전도하고, 저 천국 소망을 품고, 기쁨으로 기꺼이 죽음을 받아들였다.

우리는 무엇이든지 꿈을 꾸어야 한다. 꿈이 없는 자는 하나님께 나오라. 나온 자는 꿈과 소망과 힘을 얻으리라. 참새 한 마리도 먹이시고 기르시는 창조주 하나님은 자비와 사랑과 은총의 하나님이시라. 죄를 용서하시고, 용서하신 죄는 다시 기억하지 않으신 하나님이시라. 무엇이든 가르치시고 능력을 주시는 분이시라. 개미 같은 부지런함이 아닐지라도 인간의 연약

함을 다 아시는 분이시라. 그러나 할 수만 있다면 일하게 하시는 분이시라. 부지런함과 열정도 불어 넣으시는 분이시라. 한파에 대통령을 지키겠다고 내린 눈을 덮고 아스팔트 위에 앉아 있는 그들의 열정은 어디서 왔는가? 이 열정 또한 성령이 부으신 열정이라. 내 힘으로도 아니요, 내 능력으로도 아니요, 오직 하나님의 영으로 되느니라(슥 4:6).

　따뜻한 봄이 오면 산에 들에 영광의 꽃들이 피리라. 때론 추위와 때론 따스함이 뒤섞인 이 땅은 본디 영원한 땅이 아니라. 추위도 없고 더위도 없는 나라, 곧 완전한 하나님의 나라를 위해 힘을 내어 부지런한 삶을 살라. 부지런히 하늘 위에 선을 쌓고 덕을 쌓아 환희의 나라를 맞이하라. 그곳은 땀 흘리는 수고도, 아픔과 슬픔의 눈물도 없는 곳이라. 생의 끝날 하나님께서 수고의 눈물 닦아 주리라.

2025년 1월 9일 아침.

24. 절망 중 희망

겨울 뒤 따뜻한 봄이 오듯 절망 중에 희망이 있다. 오늘날 나라의 절망은 희망을 가져 오려는 계기가 된다. 누가 다른 이념을 가지고 사는지 확실히 드러났다. 물론 중도도 있겠지만 중도의 확실한 길잡이도 되는 계기이다. 그러므로 일어나야 한다. 도우시는 하나님을 의지하고 일어나야 한다. 비온 뒤에 땅이 굳어진다고 하듯이 너욱 희망찬 나라가 될 것이다. 저 북한을 찍고, 세계를 향해 빛을 발할 때가 오리라. 오대양 육대주를 누비는 나라가 되리라. 한국의 기술, 문화, 인품, 전통 등 세계가 부러워할 때가 오리라. 미국과 끈끈한 동맹을 맺었으니 이 동맹을 잘 지키라.

우는 자는 눈물을 멈출 것이고, 잠자는 자는 일어날 것이고, 술 취한 자는 정신을 차려야 할 것이라. 내 자신을 돌아보고 각자 자신의 짐을 지고, 남을 도울 수 있는 자는 도우라. 역사의 힘은 괜히 솟아나는 것이 아니라 만들어가는 것이라. 행복 또한 문득 솟아나는 것이 아니라 차차 이루어가는 것이라. 박근혜 전 대통령은 행복한 국민을 꿈꾸었다. 아버지의 뜻을 받들어 잘 사는 행복한 나라를 꿈꾸었다. 그러나 임기를 마치지 못하여 안타까움 그지없었다. 이제 그 못다 한 꿈을 받들어 행복한 국민, 행복한 나라를 이루기를 원하노라.

"여호와의 말씀이니라 너희를 향한 나의 생각을 내가 아나니 평안이요 재앙이 아니니라 너희에게 미래와 희망을 주는 것이니라"(렘 29:11)

하나님의 백성 유다는 하나님을 버린 자기들의 죄악으로 인해 바벨론에게 항복해야 할 것을 '예레미야' 선지자는 외쳤다. 이는 재앙이 아니라 희망임을 외쳤다. 장래에 희망을 주려는 것이니 낙심하지 말고 바벨론을 섬길 것을 선포했다. 항복하지 못한 결과 끝내 유다는 바벨론의 포로로 끌려갔지만, 하나님의 계획은 이들에게 희망을 주기 위함이었다. 그 깊은 뜻은? 그대로 두었다간 모두 패망할 수밖에 없기 때문이다. 하나님은 당신의 쓰린 가슴을 뒤로한 채 자신의 백성을 포로로 던져 버렸다. 그러나 70년 후면 다시 돌아오게 할 것을 희망으로 약속하시고 선포하셨다. 70년이란 포로 생활을 통해 백성들은 자신들의 죄를 깨닫고 겸손해지기 때문이다. 그때가 되면 다시 돌아와 무너진 성전을 다시 세우고, 다시 새 마음을 주실 계획이셨다. 하나님의 그 약속은 포로생활 70년 후 그대로 성취되었다. 이와 같이 무너지는 절망 중에 희망이 깔려 있다는 것을 잊지 말아야 한다. 죄를 돌이키고 하나님의 자비를 구하면 죄 사함 받고 새사람, 새 나라를 이룰 것이다.

2025년 1월 9일 낮.

25. 충성된 마음

사람은 자기가 섬기는 상사에게 또는 자기가 속한 자리에서 충성하게 된다. 그렇지 못한다면 그 자리에서 내침을 당한다. 사회는 이만큼 엄격하다. 대충대충 일하는 자가 누구뇨? 하나님은 당신을 위해 "죽고자 하는 자는 살리라" 하셨다. 인간의 생명이 하나님의 손에 있기 때문에 하나님은 살리고자 하시는 자를 살리시고, 죽이고자 하신 이를 죽이신다.

"누구든지 제 목숨을 구원하고자 하면 잃을 것이요 누구든지 나를 위하여 제 목숨을 잃으면 찾으리라"(마 16:25)

이 말씀에는 주를 위해서는 목숨을 아끼지 않고 일하라는 뜻이 담겨 있다. 그리할 때 하나님께서는 그 사람에게 영생을 주시고, 사명이 끝나는 날까지 지켜 주신다.

요즘 지도자들은 자기 자신의 몸을 많이 사리고 있어 마태복음 16장 25절의 말씀은 이들에게 미치지 못하고 있다. 그러나 종종 목숨 걸고 자기 사명에 충성하는 자도 있다. 이들에게는 하나님께서 영광을 받으실 것이다. 예수님의 12제자들은 예수님이 떠나신 후에 성령을 충만히 받아 모두 순교정신으로 살다가 마침내 순교하여 예수님 곁으로 돌아갔다(요한도 순교나 다름없음). 제자들은 목숨을 아끼지 않고 본인들의 사명에 충성했다. 사명을 받은 자는 사명을 내려주신 자에게 충성해야 한다.

요즘 대통령의 경호원들은 대통령 경호를 위해 목숨을 아끼지 않고 있음을 볼 수 있다. 얼마나 아름다운 사명자들인가? 이들의 충성심이 승리하기를 기도한다. 반대로 배신자는 끝까지 배신자로 남을 것인지는 모르지만, 참 안타까운 마음이 든다. 한번 배신자로 낙인찍히면 그 사람의 이미지는 회복되기 쉽지 않을 것이다. 그러므로 우리는 얄팍한 꼼수적인 생각을 버리고 충성스럽게 살아가야 한다. '윤석열' 대통령이 회복된다면 '한덕수' 총리도 회복되지 않겠는가? 또한 끝까지 윤 대통령 편에 서서 제 자리를 꿋꿋하게 지켜낸 자들이라면 함께 일어나지 않겠는가? 갈팡질팡 이리 갈까? 저리 갈까? 하는 갈대 같은 심정을 가진 자들은 어려운 삶을 살아갈 것을 생각해 본다.

대한민국 사람들이여!

마음을 굳게 먹고 흔들리지 않는 충성된 마음으로 살라!

2025년 1월 9일 저녁.

26. 시온의 땅

대한민국은 시온의 땅이다.

서울은 예루살렘과 같은 도시이다.

모든 것이 하나님의 계획 하에 이루어진 땅이다.

예수를 십자가에 못 박은 유대 땅은 빛을 잃고, 작금의 오늘 하나님의 역사는 대한민국 땅에 크게 이루어지고 있다. 가장 큰 문제인 주사파 세력들을 허물고 자유민주주의 시온의 땅으로 이루어갈 것이다. 헐벗고 배고픔을 알거든 지금까지 지켜온 나라를 여전히 지켜내길 바라고 또 바라노라. 체제 전복은 위험하오니 막아내야 할 것이라. 대통령이 무너지면 자유민주주의는 힘들 것이다. 한번 힘들어지면 또 많은 세월이 필요하니 지킬 때 힘을 다해 지켜야 할 것이라.

두 동강난 나라가 하나가 되려면 잘 사는 쪽이 못사는 쪽을 흡수해야 하지 않겠느냐? 그러므로 대한민국의 통일은 남한이 저 북한을 흡수하는 통일을 해야 할 것이라. 북한의 모든 체제를 깨고 남한의 체제를 유지해야 할 것이라. 하나님은 저 북한에 복을 주지 않고 계신다. 김정은이 살면 얼마나 살겠느냐? 그 후손은 대를 이을 수 있을까? 기회를 기다리면 때가 올 것이다. 괜히 상반된 이념끼리 부딪쳐 피를 볼 필요가 있겠는가? 대한의 땅 시온은 하나님의 손에 붙들려 변함없이 서리라.

하찮은 한 사람의 인생도 하나님의 손에 붙들렸거든, 공중의 나는 새 한 마리도 하나님의 통치하에 움직이거든, 어찌 한 나라의 운명이 쉽게 바뀌겠느냐? '이재명'은 말하기를 "아름다운 것은 위험한 가운데 이뤄진다"고 했는데 어찌 평안을 두고 위험을 쏘는가? 위험하면 무너질 수도 있음을 왜 모르나? 서로 다른 이념은 물고 헐뜯고 죽이고 하느니라. 러시아와 우크라이나의 전쟁을 보아라. 서로 얻은 것이 무엇이냐? 무엇이 수많은 생명보다 귀하더냐? 천하를 얻고도 생명을 잃으면 무엇 하랴? 저 북한은 호시탐탐 남한을 삼킬 기회를 노리노라. 자유주의를 절대 수용하지 못할 것이라. 종교의 자유를 묵살하는 통치권이라. 정부는 간첩들을 막고 저들의 침범을 강력히 막아야 할 것이라. 방심하면 많은 인명이 다칠 수 있음을 기억하라.

2025년 1월 10일 아침.

27. 달콤한 유혹

유혹은 달콤하게 다가온다. 그러나 그 달콤한 유혹을 물리치고 나면 더 좋은 영광을 보기도 한다. 은혜는 은혜를 낳고 영광은 영광을 낳는다. 그러나 배신은 또 다른 배신을 낳는다. 어찌 사람의 마음이 흔들리는 갈대처럼 이리저리 요동치는가? 성경은 악의 행동이 이와 같음을 말하고 있다.

"악인들은 그렇지 아니함이여 오직 바람에 나는 겨와 같도다"(시 1:4)

사람이 자기 잇속에 따라 어느 줄에 설지 바람에 나는 겨처럼 왔다 갔다 해서야 되겠는가? 겨는 그 속이 비어 있어 가벼움으로 이리저리 흩날린다. 그러나 알곡은 무게감이 있어 웬만한 바람에 흔들리지 않는다. 이와 마찬가지로 사람도 속없이 경거망동해서는 아니 됨을 알아야 한다. 어떤 유혹이 와도 흔들림 없는 믿음 위에 서야 한다. 고난이 올지라도 의로운 자리에 굳게 서 있어야 한다. 꾀는 악인이 부린다. 의인에겐 하나님의 지혜가 있다. 악인의 꾀를 좇는 자는 복을 받지 못한다. 설령 악인이 잠시 형통한다 할지라도 이는 죄이다. 죄인은 결국 멸망의 길을 갈 뿐이다. 사탄 마귀는 늘 달콤하게 유혹한다. 그러나 유혹 뒤에는 죽이고 멸망하는 목적이 있음을 알아야 한다.

"도둑이 오는 것은 도둑질하고 죽이고 멸망시키려는 것뿐이요 내(예수님)가 온 것은 양으로 생명을 얻게 하고 더 풍성히 얻게 하려는 것이라"(요 10:10)

도둑질은 사탄 마귀들이 하는 짓이다. 사람이 남의 것을 도둑질하는 것은 그 속에 악한 영의 사주를 받기 때문이다. 반면 예수 그리스도의 영, 진리의 영, 곧 성령으로 충만하면 남의 것을 탐낼 이유를 모른다. 탐심은 "우상숭배"라 말하고 있다(골 3:5). 우상숭배는 하나님께 등을 돌리는 죄라는 뜻이다. 음란, 부정, 사욕, 악한 정욕, 탐심 등 이러한 달콤한 유혹에 넘어가서는 아니 된다. 이것들은 하나님의 진노를 가져올 뿐이다.

2025년 1월 10일 낮.

28. 불타는 사명

　누구에게든 사명이 있다. 큰 사명, 작은 사명, 뚜렷한 사명, 희미한 사명 등 이모저모 저마다의 사명이 있다. 어떤 사람은 불타는 사명감으로 사나 또 어떤 사람은 사명감이 뭔지도 모르고 자기 뜻대로 살아간다. 그러나 자기 뜻 안에도 희미한 사명감이 있는 것이다. 꼭 드러난 사명만이 좋은 것이 아니다. 숨은 일꾼은 자신이 있는 듯 없는 듯 사회단체에 몸을 담고 살아가기도 한다. 홀로 가는 자들도 있다. 깊은 산속에서 혼자 살아가는 자도 나름대로 역사적인 사명이 있어 보인다. 그러므로 한 사람 한 사람의 사명은 매우 중요하다.

　한 사람의 존재가 귀하다. 산속 고향에서 작은 학교를 다닌 동창들이 어엿한 사회인이 되어 만난다. 어쩜 그리 제각기 뿔뿔이 흩어져 가정을 이루고 사회 각층에 일원으로 살아가는지 신통하다. 코흘리개 학창시절엔 누가 알았겠는가? 그러나 세월은 한 사람의 자리를 매김질하였다. 이제 또 그 자녀들이 그러한 귀한 존재로 설 것이다.

어린 생명이 없이는 어른들의 미래도 없다. 어린 아이들이 잘 배우고 잘 자라나게 해야 한다. 시대는 바야흐로 첨단시대를 맞아 저 천국의 모형으로 가까워져 간다. 갈수록 빠른 속도로 나라와 나라 간을 왕래하고, 더 높은 빌딩이 세워지고, 로봇이 사람의 일을 대신한다. 시대에 따른 지식도 광대하다. 반면 사탄의 활동은 왕성해져 죄와 악이 판을 치는 시대이다. 그만큼 예수님 오실 날이 가까워지므로 사탄 마귀는 악랄하게 정의를 흐르지 못하게 막고 있다. 그 속에서 우리는 살아가야 한다. 그만큼 정신 바짝 차리고 세월을 아껴 살아야 한다. 재난과 재해가 많은 시대, 질병이 많은 시대에 하루하루가 마지막 날임을 생각하고 살아야 한다. 어느 날 갑자기 사고로 죽는 자가 많지 않은가? 또 어느 날 갑자기 숨이 멈추어 이 땅을 하직하는 자가 많지 않은가? 오늘 죽어도 여한이 없는 그런 삶을 추구하며 살아야 할 것이다. 누구나 바른 삶에 불타는 마음이었으면 하는 바람 이다.

2025년 1월 10일 낮.

29. 올해의 뜻

올해의 뜻은 어디에 두고 사는가? 저마다 다르겠지만 모두들 잘 사는 것을 희망한다. 그러면 잘 사는 것은 무엇인가? 풍요한 삶? 건강한 삶? 사업의 번창? 가정의 복? 모두가 좋은 뜻이다. 그러나 그 뜻은 나라 안에서 서로서로 협력할 때 이루어진다. 무너지는 나라라면 무슨 소용이 있겠는가?

6·25를 얼마나 비참히 생각하는가? 당해보지 못했다면 잘모를 것이다. 나라와 나라사이 전쟁이 끊이지 않는 시대이다. 이는 마지막 때의 징조이기 때문이다. 무딘 마음으로 나라를 통치한다면 망하기 쉬운 시대이다. 기왕이면 하나님께 기도하고 하나님의 도움을 받는 일꾼이라면 좀 더 나을 것이다. 지혜가 하나님께로부터 오기 때문이다. 예루살렘을 잘 되게 하신분도 하나님이시오, 무너뜨리신 분도 하나님이시다. 하나님의나라 대한민국은 특별히 하나님의 통치를 외면할 수 없이 흘러가기에 하나님의 지혜가 필요하다. 하나님의 지혜를 받아 통치한다면 나라는 성장할 것이다. 전에는 몰라도 올해는 더욱그러하다. 나라가 위태위태하기에 고도의 전략이 필요하다. 그

러나 하나님은 이 나라를 당신의 뜻에 따라 이끌어 갈 것이다. 저마다 맡은 자리에서 한해의 사명을 잘 감당해 주길 원한다.

강한 자가 약한 자를 이끌어 주고 도운다면 더욱 좋을 것이다. 교회는 하나님의 뜻을 사회에 잘 나타내고 선한 사업에 힘쓰길 원하노라. 하나님께 부르짖으면 크고 비밀한 일을 보이실 것이다(렘 33:3). 2025년 올해는 정치와 사회에 안정을 찾아 발돋움할 것이다.

대한의 영광아!

살을 에는 듯 영하의 추위
혼란스런 국정운영의 사회
우리 주님 오시면 좋으련만
오늘도 기별 없이 흐르겠구나.

하는 일에 마침표를 찍어야 하는
그대들은 무엇이 중요한가?
서 있는 자리마다 나라의 사명감
흔들리지 말지언정 *꿋꿋한* 마음이여라.

울며불며 일구어 놓은 부와 영광!
잃을 쏘면 잃은들 어떠냐?

나라 잃은 설움에 비하랴?
대한의 영광 찾아 길이길이 살세!

2025년 1월 10일 낮.

30. 악법도 법인가?

거대 야당은 무법천지로 둘려 있다. 이는 아는 자들은 아는 것이며, 하나님께서 다 아시는 것이다. 검사탄핵이 각하될 것을 헌법재판소가 비추고 있다. 쉽게 말해 탄핵 사유가 못됨을 밝히고 있는 것이다. 어디 검사들뿐이겠는가? 대통령부터 모두 악법으로 꿰고 있다. 지독하게도 대통령 체포에 혈안을 올리고 있다. 언제까지 이럴 지경인가? 국민들이 들고 일어나기 시작했다. 20,30 청년들이 삭발을 하며 영하권의 추위에도 거리로 뛰쳐나왔다. 그 죗값을 어찌 치를까? 하나님의 존귀한 백성을 엄동설한 눈 속으로 떠민 그 죗값을 어찌 치를까? 쥐새끼도 막다른 골목에 다다르면 물고 덤빈다는데 꼭 그 짝이로구나.

내 백성들아 대통령을 지켜내라. 이는 대한민국의 자존심이니라. 무작위로 입법을 일삼는 자들아! 네 이름이 부끄럽구나. 대통령 경호처를 해산하려 한다니, 자신이 대통령이 되어도 과연 그러할까? 내 자신이 중요하면 남도 중요함을 알아야 하지 않겠느냐? 남을 대접하는 자가 자신도 대접 받느니라. 법을 내려거든 여야 절차를 밟아 당당한 법을 내라. "울며 겨자 먹기"로 굴러가는 국회가 개탄스럽구나.

범죄 한 사람아!

꼼수를 써 꿰어 맞추면 되는 것이냐? 국민은 바보가 아니니라. 정녕 바보는 엉터리 정치를 하는 사람들이라. 법을 이용해 죄를 저지르느냐? 법은 잘 사는 나라를 운영하려고 있는 것이건만, 요즘 어디 국민들이 행복하겠느냐? 눈이 있으면 보아라! 귀가 있으면 들어라! 국민들이 어찌 분노를 폭발하는지를…억지를 부린다고 다 될쏘냐? 억지 부려서 될 일이 있고, 안될 일은 별스럽게 억지를 부려도 소용없는 일이라. 괜히 죄만 더 쌓일 뿐이라. 동방예의지국에서 무엇 하는 짓인가? 외신들이 들여다보고 있지 않느냐? 한국의 역사가 어찌도 이리 험한가? 수습은 간단하건만 참으로 끈질기구나. 전통 따라 살아야 사는 것이라. 체제전복을 위한 법은 악법이니라. 모두 폐기될 법이니라. 어디 간첩 법을 폐기하고 간첩을 들이는 법을 옹호한단 말이냐? 재판관들은 이에 바른 판단을 내리고 무리수를 써 탄핵된 일꾼들을 속히 제자리에 돌리라.

2025년 1월 10일 저녁.

31. 봄의 생명

봄이 오면 땅 밑에 잠자고 있던 생명의 싹이 돋아난다. 이는 어김없는 순리이다. 그와 마찬가지로 사람의 생명도 그렇다. 사람이 땅속에 묻혔다 해서 그것이 끝이 아니다. 예수님이 재림하시면 그 생명은 신령한 몸을 입는다. 그 후 새 세상이 열리게 된다. 이 새 세상에 들어갈 자 누구인가? 이는 예수 안에 무덤에서 잠자던 자들이라. 예수 재림 시 무덤에 가지 않고 예수 안에 살아 있는 자들은, 그들도 신령한 몸으로 변화되어 부활한다. 이들도 예수 안에 잠자던 자들과 함께 새 세상에 들어가게 된다. 많은 사람들이 이 진리를 모른 채 유한한 이 땅의 삶만 생각한다. 느끼지 못하고 체험하지 못하면 모를 것이다. 그래서 전하는 자들이 필요하다. 사람의 미련한 전도를 통해 하나님 앞에 나오면 차차 믿음을 갖고, 살아 역사하시는 하나님을 체험하게 된다. 누구든 처음에는 불신하고 교회에 나가기 싫어하지만, 알고 나면 그때부터는 스스로 신앙생활에 돌입한다. 때로는 넘어지고 시험에 들기도 하면서 신앙심은 깊어간다. 사람의 마음 밭이 다양하기에 그

마음 밭이 허약한 자들은 넘어지기도 잘할 것이다. 좀처럼 성장하지 않을 것 같지만 신앙은 유지해 간다. 어찌됐든 하나님은 그 한 사람 한 사람을 모두 기억하시고 때를 기다리신다. 마침내는 저 천국으로 이끌어 들이신다. 이것이 생명에 대한 하나님의 계획하심이요 하나님의 은혜와 사랑이시다.

겨우내 묵은 나뭇잎을 다 떨어뜨리고 봄에 새순을 내는 것처럼, 인생의 무거운 죄 짐을 다 벗어내면 천국에 들어갈 준비가 된 것이다. 천국은 죄가 없는 곳이요 하나님의 의와 사랑만이 넘치는 곳이다. 물론 죄를 불러들여온 사탄 마귀는 당연히 천국에 들어오지 못한다. 이 땅에서도 예수를 영접하면 새 생명을 얻어 천국을 맛볼 수 있다. 맛만 봐서야 되겠는가? 저 천국에 들어가면 완전한 환희의 천국을 누리며 영원히 살 것이다.

그곳이 '새 하늘과 새 땅'이다. 인간에게는 '새 하늘과 새 땅'을 바라보는 삶이 진정한 삶이다.

2025년 1월 11일 아침.

32. 우상숭배

　구약시대는 하나님 아닌 다른 우상을 만들어 놓고 거기에 절하고, 또 거기에 복을 비는 것을 통상적으로 우상숭배라 하였다. 오늘날에도 우상숭배자들이 많다. 예를 들면 불상 앞에 절하고 복을 빈다든지, 큰 나무가 복을 준다며 나무 앞에 절하고 복을 빈다는 것이다. 생각해 봐라! 어찌 사람의 손으로 만든 것이 하나님의 손으로 만든 인간에게 복을 좌지우지 하겠느냐? 복은 하나님이 주관하신다. 생사화복의 모든 것이 하나님의 손에 있다. 하나님은 복 주실 자에게 복을 주시고 화를 내리실 자에게 화를 내리신다.

　우상숭배를 자행한 이스라엘은 결국 자신들의 참신이신 하나님으로부터 내침을 당했다. 대한민국은 그래도 하나님의 복음이 들어와 교회가 많아지므로 그에 따른 복을 받아 잘 사는 나라가 되었다. 그러나 아직도 하나님께 돌아오지 못한 자가 많으므로 우상숭배는 여전히 곳곳에서 행해지고 있다.

　신약시대 이후 우상숭배의 범위는 넓어졌다. 성경에 기록하기를 탐심은 우상숭배라고 기록하고 있다(골 3:5). 어쩌면 이제 마음으로 지은 모든 탐심이 우상숭배가 되는 것이다. 우상숭배의 행동은 마음으로부터 출발한다. 하나님보다 재물을 더 사랑하는 탐심, 하나님보다 그 어떤 다른 것을 더 믿고 의지하는 모든 것들이 우상숭배가 될 수 있는 것이다. 그러므로 재물을 모으려거든 하나님의 법에 따라 엿새 동안은 일하되 일곱째 날은 하나님께 나와 예배드려야 한다.

　돈을 쌓아 두고도 선을 위해 쓰지 못하면, 이 또한 재물 사랑의 탐심이다. 곧 우상숭배이다. "돈을 사랑함이 일만 악의 뿌리가 된다"(딤전 6:10). 돈 때문에 싸우고 죽이고 속이고 죄를 짓게 된다. 선하게 쓰면 아주 좋은 돈이 악하게 쓰여서야 되겠는가? 내 것이 아닌 돈은 욕심을 낼 필요가 없음을 알아야 한다. 조그마한 돈을 얻기 위해 더 큰 것을 잃을 수 있는 죄는 짓지 말아야 한다. 돈이면 다 된다는 생각은 조심해야 될 것이다. 돈으로 어떤 물건은 살 수 있어도 사람의 인격이나 마음은 살 수 없다. 우리는 물질만능주의 시대를 살고 있다. 조금만 더 근검절약한다면 탐심의 우상숭배는 약해질 것이다. 천국은 길이 황금 길이다. 새 예루살렘 성문은 열두 진주 문이다. 이런 세상을 꿈꾸며 탐심을 버리길 소망한다.

2025년 1월 11일 낮.

33. 정의를 물같이, 공의를 강같이

"오직 정의를 물같이, 공의를 마르지 않는 강같이 흐르게 할지어다"(암 5:24)

공의와 정의가 무너지면 사회는 혼란이 온다. 작금의 오늘이 이와 같다. 그러면 다시 초심으로 돌아가야 한다. 어린아이들의 마음으로 돌아가야 한다. 속이고 찌르고 끌어내리고 하는 일 없이 서로서로 유대관계를 가져야 한다. 한 많은 대한민국 땅에 서로 물고 헐뜯음은 웬 말인가? 이웃끼리 사소한 일로 다투고 고발을 일삼는다. 넉넉한 인심은 어디 갔는가? 다시 옛정을 일으켜 세워야 한다. "윗물이 맑으면 아랫물이 맑다."는 속담처럼 지도자들부터 정의와 공의를 강같이 흐르게 해야 한다. 하나님이 계심을 인식하지 못한다면 쉽지만은 않을 것이다. 원하건대 온 국민이 하나님의 진리의 말씀으로 무장되어 올바른 사회를 이루어 갔으면 좋겠다.

교회를 나오지 않아도 좋으니 있는 자리에서 하나님의 말씀을 상고하길 바란다. 미국의 트럼프 대통령은 성경을 손에 들고 나와 연설했다. 다시 복음으로 돌아갈 것을 선포했다. 대한민국도 그와 같았으면 좋겠다. 그렇게만 된다면 미국과 대한민국은 세계 정상에 올라 세상 나라의 본이 될 것이다.

기독교를 핍박하는 나라가 잘 될쏘냐? 정녕 그런 나라는 저 북한과 같이 될 것이다. 북한이 얼마나 궁핍한 나라인지 알지 않는가? 중국이 미국을 이기지 못할 것은 세계가 하나님께 속해 있은즉, 미국은 하나님께 특별한 나라임이라. 모든 나라가 하나님께 속하여 나아가지만, 하나님께서 특별히 세운 나라는 한국과 미국이라. 한미동맹은 하나님으로 인해 맺어진 동맹이라. 모든 것이 인간이 하는 것 같지만 그 위에 하나님께서 역사하신 일들이라. 역사적으로 보면 나라의 위기 때마다 기독교인들이 큰 몫을 했노라. 기독교인들이 정의와 공의를 흐르게 해야 할 것이다. 그 다음 온 국민이 다 함께 정의를 물같이, 공의를 강같이 흐르게 해야 아름다운 대한민국을 이루어 갈 수 있으리라. 이 글 또한 한 목사를 통해 전하노라.

2025년 1월 11일 낮.

34. 시간의 중요함

시간은 금이라는 말이 있다. 이는 시간이 중요하다는 뜻이다. 너무 게을러서도 아니 되고, 너무 서둘러서도 아니 된다. 시간의 흐름에 따라 마음은 변하기도 한다. 공의가 불의가 되고, 옳음이 그름이 되기도 한다. 또는 그 반대이기도 한다. 그러므로 적절한 시간은 아주 중요하다.

이재명 더불어민주당 대표는 자신의 죄에 대해 시간을 너무 많이 끌었다. 그러면 이제부터라도 제대로 재판해야 한다. 시간을 끌지 않고 제대로 재판되었다면 오늘의 탄핵 중독의 처지에 이르렀을까? 라는 생각을 해본다. 헌재는 이를 어찌 감당할쏘냐? 눈 가리고 아웅 해서는 국민들에게 큰코다칠 것이다. 속히 원리원칙 헌법에 합당한 결론을 내야 할 것이다. 속히 처리하라 함은 국정마비를 끌어서는 아니 될 이유이다. 각하를 시킬 것은 속히 할 이유이다.

30건에 가까운 탄핵이 웬 말이냐? 국정이 장난이더냐? 국민들은 이를 직시하고 바른 언성을 높이라. 바른 행동을 하라. 우편에 설 것인가? 좌편에 설 것인가? 각자의 깨달음으로 바른 편에 서길 원하노라. 중국인들은 한국 국정 참여에 잠잠 하라. 한국의 덕을 본 자들이 어찌 한국 땅에서 떠들며 나라를 시끄럽게 하는지…

국민들은 금같이 귀한 시간을 귀한 일에 쓸 것이라. 허황된 일에는 시간을 아낄 것이라. 그러면 지도자들은 나라가 안정을 찾도록 힘써야 할 것이라. 어느 때까지 거리로 국민들을 내몰겠느냐는 말이다. 국민들이 안정을 찾고 각자의 일에 전념해야 할 것이라. 헌재에 탄핵으로 묶여 있는 자들은 제자리로 돌아와 일해야 할 것이라. 내 나라 곧 하나님의 나라 대한민국은 공산주의가 아니라. 끝까지 자유민주주의로 나아갈 것이라.

2025년 1월 11일 낮.

35. 안정된 나라

　안정된 나라는 살기 좋은 나라이다.

　작금의 오늘처럼 혼란스러운 나라는 위기이다. 그러나 전화위복이라는 말처럼 위기를 잘 수습하면 복된 나라이다. 작은 나라는 큰 나라가 삼키려 하니 위기가 많다. 그러니 위기는 빠르게 수습할수록 좋다. 나 여호와, 하늘의 하나님은 모든 것이 탄핵 전으로 돌아가 안정을 찾긴 원하노라. 그렇게만 된다면 안정된 나라가 되도록 도우리라. 만군의 여호와의 말이니라.

　정권이 바뀔 때마다 어려움을 겪는 그런 일은 사라지길 원하노라. 물 흐르듯 순하게 정권을 잡으면 될 것이라. 억지로 빼앗으려 하는 것은 잘못된 일이라. 빼앗는 것은 도둑이나 마찬가지라. 도둑질 같은 일을 옹호하는 자들은 심판을 피하지 못하리라. 누가 정권을 잡든 국민은 그 권세에 순응해야 평안하느니라. 다만 한 가지, 부정은 밝혀야 할 것이라. 부정을 덮고는 바른 나라로 서기 힘들 것이라. 부정을 저지른 자와 부정을 재판해야 할 자가 한통속이 된다면 어찌 나라가 바로 서겠느냐? 양심에 화인 맞은 사람이 아니라면 나라를 어지럽히는 부정은 제거 되도록 힘써야 할 것이다. 모르고 지은 죄는 가벼우나 알면서도 덮은 죄는 그 죄의 대가가 더 크다는 것을 알아야 한다. 한 나라의 안정을 위해서는 한 사람 한 사람이 힘을 합해 정의로운 나라를 세워가야 한다. 나라 안의 부정부패로 좀먹는 자들은 나라를 병들게 만들 뿐….

　하나님은 모든 것을 아시느니라. 세월호 참사도, 이태원 참사도, 광주항쟁도 모두 아시느니라. 이번 무안공항 참사도 보았느니라. 훗날 모두가 하나님 앞에 서는 날 낱낱이 밝혀지리라.

2025년 1월 11일 낮.

36. 약속

약속은 참 중요하다. 중요한 것은 지켜야 한다.

지키지 못할 약속이라면 약속을 하지 말 것이다. 나라 안에서도 약속을 지키지 못하고 이랬다저랬다 하는 경우가 많다.

성경에는 언약이란 것이 있고, 서원이란 것이 있다. 언약은 하나님과 맺은 것이고 서원은 사람이 하나님께 드리는 것이다. 하나님은 언약하시고 언약을 이루시는 분이셨다. 옛 언약인 아담과의 언약을 이루셨고(아담이 지키지 못함으로 언약대로 벌이 주어짐), 새 언약인 예수 그리스도를 보내신다는 언약을 지키셨다. 노아와 그 후손들과의 무지개 언약을 지키셨다. 성경의 수많은 언약들을 성취하셨다. 특히 유다백성 70년 포로생활과 70년 후 다시 돌아오게 하시겠다는 그 언약도 지키셨다.

성경에는 서원하는 자들이 많이 있었다. "한나"는 자식이 없어 남편의 또 다른 아내에게 많은 서러움을 당하는 중 서원 기도를 하였다. 아들을 주시면 하나님께 바치겠다고 서원하였다. 하나님께서는 "한나"의 기도를 들으시고 아들을 주셨다. "한

나"는 "사무엘"을 낳아 하나님의 성전에서 살게 하므로 서원을 지켰다. 오늘날도 많은 사람들이 하나님께 서원을 드리고 서원대로 살아가기도 한다. 필자 또한 서원대로 하나님께 쓰임 받고 있다. 그런데 더러는 서원을 하고 지키지 못하여 하나님께 징계를 받는 자들도 있다. 그러므로 서원은 자기에게 해로울지라도 갚아야 한다. 이 모든 것은 약속의 중요성을 비추어준다. 다시 말하지만 약속은 중요하다. 하나님과의 약속 또는 사람과의 약속 모두가 중요하다. 약속을 쉽게 생각하는 자들은 깨달음을 받고, 바른 삶을 살아야 할 것이다. 삶의 작은 것 하나라도 중요시 여기며 살아갈 필요가 있다. 이는 누굴 위해서라기보다는 내 자신을 위해서이다. 내 자신을 상품 가치로 매겼을 때 나의 가치는 어느 정도인가? 상품인가? 중품인가? 하품인가? 하나님은 인간의 연약함도 이해하시지만, 하나님 자신의 백성들이 가치 있는 삶을 살기를 원하신다. 극상품 포도나무를 심었건만 들 포도를 맺힘은 어찌 됨인고? 라고 말씀하시는 하나님이시다(사 5장). 우리는 하나님의 성품을 좇아 하나님을 닮아가는 삶을 지향해야 한다. 그중 하나는 약속을 잘 이행하시는 신실하신 하나님을 닮아가는 삶이 되기를 원하는 바이다.

2025년 1월 13일 아침.

37. 마음

마음은 매우 중요한 곳이다. 마음에서 생명의 근원이 난다고 기록하고 있다(잠 4:23). 사람들은 대부분 마음먹은 대로 살아가기도 한다. 어떤 사람을 내가 미워하는 마음을 가지면 그 결과는 살인에 이르기까지도 한다. 반면 어떤 사람에게 사랑하는 마음을 가지면 그 사람이 잘못한 행동을 하더라도 용서가 쉽게 된다. 그러므로 사람은 마음을 선히 먹어야 한다.

내가 지은 내 죗값은 내가 치러야지 생각한다면 모든 것이 선하게 흘러갈 텐데, 내가 지은 죄를 억지로 덮으려고 애를 쓴다면 모든 것이 빗나가기 마련이다. 요즘 정치권은 이런 사람들로 인해 혼란이 야기되고 있다. 죄가 없다면 오히려 하나님의 은총을 받을 것인데, 있는 죄를 감추려 하니 더 힘이 드는 것이다.

예수님은 인간의 죗값을 치러 주셨다. 드러나지 않는 죄라도 예수님 앞에 나와 회개하면 사함 받는다. 이것은 영적 문제이다. 그러나 한편 육적으로 지은 죄는 법의 저촉을 받아야 한다. 대한민국 국민이라면 대한민국 법에 맞춰 살아가야 한다. 법을 지키느냐 아니면 법을 무시하고 사느냐는 마음먹기에 달려 있다. 행동은 마음이 시키는 대로 나가기 때문이다. 우리는 선하신 예수님의 마음을 본받아 살아야 한다.

"나(예수님)는 마음이 온유하고 겸손하니 나의 멍에를 메고 내게 배우라 그리하면 너희 마음이 쉼을 얻으리니 이는 내 멍에는 쉽고 내 짐은 가벼움 이라 하시니라"(마 11:29-30)

사람은 하나님의 말씀 안에서 예수님을 따르면 좋은 마음을 가질 수 있다. 성령을 통해 변화된 선한 마음을 갖게 된다. 물이 포도주로 변한 것처럼 우리의 마음도 굳은 마음에서 부드러운 마음으로 변화 받을 수 있다. 법을 잘 지키지 않고 사는 자들도 하나님의 말씀을 통해 마음의 변화를 받으면 법 잘 지키는 사람으로 살 수 있다. 그러므로 예수님의 멍에를 메고 사는 것은 참 중요하다. 온유, 겸손뿐만이 아니라 성령의 9가지 열매를 맺으며 살아 갈 수 있다.

"오직 성령의 열매는 사랑과 희락과 화평과 오래 참음과 자비와 양선과 충성과 온유와 절제니 이 같은 것을 금지할 법이 없느니라"(갈 5:22-23)

2025년 1월 13일 낮.

38. 점치는 자

　점치는 자는 귀신의 사주를 받아 점을 친다.

　귀신은 사탄의 졸개들이다. 그러나 사탄의 움직임은 하나님의 손에 있다. 하나님께서 내버려 두시니까 사탄의 졸개들이 활개를 치지만, 하나님께서 이 귀신들의 역할을 막으면 귀신들은 활동할 수 없다. 그러므로 영계의 제1순위는 하나님이시다. 하나님은 한분 하나님이시지만 귀신들은 그 수효가 많다. 그렇다고 하나님께서 수 싸움에 밀리는 것은 절대 아니다. 하나님은 수많은 천군 천사들을 동원해 일하신다. 또한 하나님은 무소부재 즉 아니 계신 곳이 없지만, 귀신들은 여기저기 자신들이 살기 좋은 곳을 찾아다니기도 하고, 어느 한 곳을 자신들의 처소로 삼고 산다. 그렇다면 어느 쪽 힘이 더 센지 인간의 상식으로 가늠이 간다. 이러한 영계의 실상을 전혀 인식하지 못한 사람들이 너무 많다.

　기독교의 성도들은 성경을 통해 하나님을 인식하고 영계를 느끼면서 믿음이 성숙한다. 점치는 자 또한 귀신의 사주를 받아 영계를 느끼는 것이다. 더러 말하기를 예수 믿는 자가 옆에 있으면 점괘가 나오지 않는다고 한다. 이는 하나님의 영이 귀신의 영을 가로막고 있기 때문이다. 예언 또한 마찬가지이다. 영계를 아는 사람들이 예언도 하고 점도 치고 하는 것이다.

우리 기독교인들은 기도와 말씀을 통해 하나님과 가까워진다. 매일 기도와 말씀으로 사는 성도는 하나님과 더욱 가까운 관계를 유지하게 된다. 그런데 일주일에 한 번 교회 나가고 기도와 말씀은 멀리하는 기독교인들이라면 하나님과의 관계는 어느 정도일까 생각해본다. 그래서 기독교인들이 더욱 아름다운 삶을 살지 못하는 경우도 많을 것이다. 그러할지언정 전혀 교회에 나가지 않는 자와 비교하랴? 하나님은 정기적으로 당신 앞에 나아온 자를 기억하시고 사랑하신다. 물론 정기적이지 않아도 상관없다. 이를테면 내 자식이 잘 못 살아도 내 자식을 안아 주시는 분이시다. 혹여 잘못하여 채찍질을 하실지라도 아픈 마음에 쓰다듬어 주시는 분이시다. 그럼 귀신들은 어떨까? 귀신들은 자신들이 이용하기 위해서는 달콤하게 다가오지만, 실컷 쓰다가도 쓰임새가 없다 싶으면 내동댕이치는 것이다. 우리는 죽을 때까지 당신의 백성들을 지키시고 이끄시고 사랑하시는 하나님께 나아와야 한다. 그리하여 마침내는 영원한 천국에서 살기를 소망해야 한다.

2025년 1월 13일 낮.

39. 지키시는 하나님

　하나님은 당신이 지켜야 할 사람은 반드시 지키신다. 의를 위해 핍박 받는 자는 더더욱 지켜 주실 줄 믿는다.

　대한민국의 대통령을 체포하기 위해 혈안이 되어 있다. 세상에 어느 나라가 대통령을 중죄인처럼 수갑을 채워 끌어간단 말인가? 참으로 처참한 일이 벌어지고 있다. 엄동설한에 대통령을 지키겠다는 사람들은 참 애국자로다. 반대파 세력들에 대해선 이야기하지 않겠지만, 대통령은 체포될 만한 중대 범죄를 저지르지 않았을 터인데, 감히 어찌 나라의 제일 큰 어른을 그리 대한단 말인가? 어린 아이들이 무엇을 배울 수 있을까? 대통령 체포를 위해 탱크, 장갑차, 헬기까지도 동원하라 하니 저들은 실질적인 내란을 선동할 모양이다. 대통령을 내란수괴라 하는데 요즘 대통령 체포를 위해 일어난 일들이 더 어지럽다. 앞으로 얼마나 더 혼란스런 일들이 일어날지 심히 염려스럽다.

　관저에서 직무정지를 당한 채 어지러운 나라 안팎을 접하고 계신 대통령의 심정을 헤아려 본다면, 국민들은 뭐라도 나라를 위해 일해야 할 것이다. 모두가 힘을 합해 나라도 대통령도 지켜내야 할 것이다. 어느 쪽이 옳은지 판단된다면 행동할 때이다. 기도하는 자들은 영감을 받았을 것이다. 기도하지 않더라도 양심에 따른 바른 판단을 하는 자들이라면 의를 위해 자기 몸을 의의 병기로 써야 할 때이다. 의를 위한 몸부림은 하나님께서 받으시고, 하나님께선 이 같은 의를 승리하게 하실 것이다. 의의 하나님, 선하신 하나님께서 당신의 뜻대로 이 나라를 이끌어 가실 것을 믿으며 나아갈 때 우리는 승리할 것이다.

거대 야당 대표는 "우리 북한의 김정일, 김일성 주석의 노력들이 폄훼, 훼손되지 않도록 애써야 한다."는 망언을 쏟아 냈다. 어떻게 이런 말을 국민 앞에서 아무렇지 않게 할 수 있는지 참으로 놀랍다. 이제 김정은은 우리 남한을 동족으로 여기지 않을뿐더러 오히려 적으로 여긴다. 그런데 왜 우리 남한의 일부는 이재명 따라 북한 짝사랑에 목매는지 모르겠다. 우리는 반드시 자유 대한민국을 지켜내야 한다.

2025년 1월 13일 저녁.

* 대통령 체포에 수갑이 채워지지 않았음은, 대통령이 국민들의 유혈사태를 막기 위해 체포에 응해주었기 때문일 것이다.

40. 적색 신호

대한민국에 신호를 붙이라면 적색 신호이다.

적색 신호는 앞으로 나아갈 수 없고 나아가면 위반이 되는 것이다. 언제까지 적색 신호를 벗어나지 못할지 두고 봐야겠지만, 중요한 것은 원위치로 복귀됐을 때 진행 신호는 바뀔 것이다.

이스라엘 백성들이 가나안 땅에 바로 들어가지 못한 것은 이 신호등이 적색이었기 때문이다. 왜 그들의 진행 방향에 적색 불이 켜졌는가? 그것은 바로 백성들이 하나님의 뜻에 불순종했기 때문이다. 가나안 땅을 정탐하고 온 정탐꾼 10명중 여호수아와 갈렙을 제외한 8명이 가나안 땅에 들어갈 수 없다고 주장했다. 그 땅에 들어가면 "우리가 다 죽는다." "우리는 그들에 비하면 메뚜기 같다."라며 백성들을 선동했으며 하나님을 불신했다. 그러므로 하나님께서는 여호수아와 갈렙을 제외한 모든 장성한 사람들이 죽기까지 40년이란 세월을 광야에서 유랑하게 하셨다. 20세 이상의 장성한 사람들은 40년 안에 모두 죽고, 그들의 2세들만이 가나안 땅에 들어갔다. 이를 볼 때 요즘 우리나라를 생각해본다. 만약 국민들의 마음이 하나 되지 못한다면 어찌될 것인가? 대한민국의 적색신호는 언제까지인가? 그렇지만 차츰차츰 옳은 사상 쪽으로 뭉치게 하실 하나님이심을 믿는다. 사람의 생각으로 도저히 불가능해 보일 것 같아도 하나님은 광야에 오아시스를 내신 분이시다. 도저히 무너지지 않을 것 같았던 이스라엘의 형제국가 "에돔"이 하나님의 예언이 있은 후, 200여년 만에 무너졌다. 그와 같이 저 북한이 제아무리 무너지지 않기 위해 안간힘을 쓴다한들 반드시 무너져야만 하는 하나님의 뜻이 있다. 남한 내 자유주의 사상을 그대로 유지해 나가야 북한이 무너지면 그들을 흡수할 수 있을 것이다.

고양이가 멀리 뛰기 위해 움츠린 것처럼 대한민국은 움츠린 나라라 할지라도 곧 멀리 뛰기 위한 준비를 해야 한다. 나라의 자존감을 잃지 않고 역사 위에 굳건히 버티며 이겨내야 한다. 적색신호로 진행되지 못한다한들 정신만은 뚜렷이 가져야 한다. 때가 악하니 정신을 차리고 기도해야 한다. 실타래와 같이 얽히고설킨 대한민국의 문제일지라도 하나님은 다 해결하실 분이시다. 시대 시대마다 사람을 세워 일하시는 하나님을 의식하며, 맡은바 소명을 다해야 할 때이다.

2025년 1월 14일 아침.

41. 소금의 맛

소금은 짜다. 짠맛 자체로는 별 의미가 없으나, 음식에는 소금이 빠지면 음식 맛이 안 난다. 이와 같이 사람들도 제각기 소금의 역할을 감당해야 한다. 예수님은 우리에게 세상의 소금이라 말씀하셨다(마 5:13). 소금은 맛을 낼 뿐만 아니라 부패를 방지해 준다. 곧 음식이 썩는 것을 방지해 준다.

우리에게 주어진 소금의 역할은 무엇인가?

요즘 같으면 나라의 부정부패를 막아내고 부패된 분야의 현장 속에서 회복되는 역사를 일으켜야 한다. "이게 나라냐?"라는 의문들을 던지는 자들이 많다. 나라가 곧 망하게 생겼다고들 한탄한다. 그러나 목소리 높여 또한 목숨을 걸고 나라 위해 투쟁하는 자들도 곳곳에 많다. 희망이 보인다. 한 사람 한 사람 힘을 합하면 좋은 나라로 회복될 조짐이 보인다. 그러면 "뭐 나 하나쯤이야"라기보다는 "나 하나라도" 나라 회복에 나서야 할 때이다. 진리의 목소리가 커지면 비 진리는 무너져 간다. 지킬 것들을 지키고 버릴 것들은 버려야 한다. 법치주의 나라에 법이 있지 않는가?

편법통과를 저지하고 신중한 법을 내야 한다.

얼마나 살지는 모르지만 후대들을 생각해야 한다. 빚만 잔뜩 짊어진 나라를 물려줄쏘냐? 살기 좋은 부강한 국가를 만들어 물려주어야 하지 않겠는가? 앞에서 많은 말을 썼지만, 과거야 어쨌든 지금부터라도 정신을 차리고 소금과 빛의 역할을 잘 감당해야 하리라.

하룻밤을 지새우고 나면 밤새 큰일이 없음이 감사하다. 이렇게 하루하루 불안한 국정운영은 국민들의 지지를 받지 못한다. 나라를 다스리는 지도자들은 국민들의 안정된 삶을 위해 힘써야 할 것이다. 무작위로 저질러 놓고 "아니면 그만이지"식의 통치는 국민들에게 신뢰를 받지 못한다. 국민들은 지도자들이 나라를 잘 이끌어 주길 바라는데, 정치권이 국민들의 욕을 먹어서야 되겠는가? 국민들은 누가 잘하고 누가 못하는 줄 다 알고 있지 않는가? 빠른 시일에 "이만하면 잘 사는 나라야!" 라는 소식을 접했으면 좋겠다.

2025년 1월 14일 점심.

42. 바닷가의 모래알

그 누가 바닷가의 모래알을 셀 수 있을까? 하나님은 하실 수 있다. 하늘의 별들의 수효를 세시는 분 또한 하나님이시다. 일찍이 아브라함에게 말씀하시기를 "네 자손이 바닷가의 모래알 같이, 하늘의 별과 같이 많을 것이다" 하신 분이시다. 네 자손이라 함은 이삭을 통해 이어진 믿음의 사람들까지 포함된다. 그중에 대한민국 사람들도 대다수 포함된다. 이처럼 하나님은 온 인류중 당신의 백성들의 수효를 낱낱이 꿰고 계신 분이시다. 이들 바닷가의 모래알처럼 많은 사람들로 인하여 마지막 날 하나님의 거대 왕국이 이루어진다.

예수님은 "유대인의 왕"이란 죄목으로 사형당하셨다. 이 죄목처럼 마지막 그날에는 왕 중의 왕이신 예수만이 통치하시는 세상이 서게 된다. 우리 믿음의 사람들은 그날에 부활하여 예수님과 함께 영원토록 왕 노릇하며 살게 될 것이다. 이 진리의 비밀을 받아들인 메시야(헬라어-그리스도) 왕국에 들어올 자들은 참으로 복된 자들이다.

이 왕국에 들어올 자 누구인가? 요즘 법계나 정계에서는 '윤석열' 편에 설 것인가? '이재명' 편에 설 것인가? 눈치작전을 펼치기도 한듯한데 "메시아 왕국"에 들어올 자는 이와 비교할 수 없는 통치권자인 "예수"편에 서야만 가능하다. 예수 편에 설 자는 누구든 차별이 없다. 국경도 차별 없고, 배우고 못 배움의 차별도 없고, 가난함과 부함도 차별 없다. 남녀노소를 막론하고 오직 예수 십자가의 복음을 믿고 따르는 사람이면 된다.

누구든지 목마른 자 오라!
가난한 자들도 오라!
억압받는 자들, 환난당한 자들도 오라!
그날에는 모든 것이 풀어지리라.

"모든 눈물을 그 눈에서 닦아 주시니 다시는 사망이 없고 애통하는 것이나 곡하는 것이나 아픈 것이 다시 있지 아니하리니 처음 것들이 다 지나갔음이러라"(계 21:4)

2025년 1월 14일 저녁.

43. 전망 좋은 곳

사람들은 전망 좋은 곳을 찾아다니기도 한다. 산행이나, 카페나 식당 등 전망 좋은 곳은 그만큼 사람들이 붐비는 곳이다.

나라로 치면 대한민국은 어떨까?

삼면이 바다인 대한민국은 그럴듯하다. 해안가를 따라 곳곳에 전망 좋은 곳들이 많다. 우리는 이러한 대한민국을 지켜내어 세계적인 나라로 만들어 나가야 한다. 내분을 잠재우고 전망 있는 법을 세워 다듬고 가꾸고 이끌어 나가야 한다. 글로벌 시대에 세계 곳곳으로 손을 뻗어 연대해야 한다. 국내의 기업 또한 성장한 가운데 세계로 뻗어 나아가길 바란다. 하나님의 지혜가 왕성한 대한민국은 복된 나라로서 아시아의 기치를 세울 것이다.

이스라엘의 역사를 보면 왕이 하나님을 잘 섬기고, 백성들 또한 왕의 통치하에 우상을 타파하고, 하나님만을 경배할 때 번창해 나갔던 것을 알 수 있다. 다윗 왕 시대에 그러했다. 다윗은 어디를 가든지 하나님께서 이기게 하셨다. 대한민국도 하나님의 뜻에 맞는 통치자가 굳건히 서서 나라를 잘 이끌어 간다면 앞으로 전망 있는 나라가 될 것이 분명하다.

'윤석열' 대통령은 때를 잘못 만나 많은 어려움을 겪고 있다. 져야할 십자가로 치면 1급 십자가일 것이다. 요즘 일어나는 환난을 잘 대처한다면 반드시 좋을 때가 올 것이다. 다만 십자가는 죽음을 각오한 길임을 알고 나라 위해 흔들림 없이 임해야 할 것이다. 하나님 손에 붙들린 자가 되어 나라를 바로 잡아주길 바란다.

전망 좋은 대한민국에 태어난 자들은 복된 자들이라. 굶주린 북한 땅과 비교한다면 감사가 터져 나올 일이건만, 나라 붕괴를 일삼는 자들은 어찌할꼬? 개인의 사리사욕은 뒤로하고 전망 좋은 나라 위해 바르게 살아야 할 때임을 명심하라! 전망 좋은 나라를 세우기는 힘들지만, 무너지는 것은 쉬우니라. 이제 더 이상 후퇴 없이 전진하기를 원하노라.

2025년 1월 15일 아침.

44. 대통령이 체포되다

어제 현직 대통령이 체포되는 사상 초유의 사태가 벌어졌다. 비상계엄이 아니었어도 대통령 임기 초부터 사사건건 기회를 노린 좌파 세력들의 압박이 거셌다. 수사권이 없는 공수처가 나선 것이며, 관할 법원이 아닌 서부지법이 나선 것이며, 허가 없이 대통령 관저를 불법 침입한 것 등 이런 이유인지 대통령은 저들에게 "불법에, 불법에, 불법"을 자행한다는 담화문을 내었다.

대통령은 나라의 대표이건만, 이를 볼 때 국격은 바닥을 쳤다. 사다리를 타고 차벽을 넘어 새벽 4시반 경 체포 작전에 돌입했으니, 대통령 사건은 결국 공수처로 이첩되었다. 밤 8시경 공수처 앞에서는 60대 남성으로 보이는 사람이 분신을 시도해 3도 화상을 입고 병원으로 옮겨졌으나 사망했다는 속보도 나왔다. 대통령은 불법 체포영장을 주장하며 묵비권을 행사하고 밤 10시경 서울 구치소에 구금되었다고 한다. 공수처의 행태를 보아 어떤 결론이 나올지 짐작되지만, 오늘 하루는 온 국민이 긴장된 하루를 보낼 것 같다.

대통령은 불법인 줄 알면서도 유혈사태를 막기 위해 스스로 공수처에 몸을 맡겼다. 3분가량의 음성 녹음을 남기고, 얼핏 보아 댓 장 가량의 자필 편지도 내놓았다. 이는 페이스북에도 올려졌다. 요지는 거대야당의 폭거로 인한 국정마비와 부정선거 의혹도 눈에 띄게 들어왔다. 계엄은 대통령의 신중한 권한이지 죄가 아님도 자세히 밝히고 있다. 모든 국민들이 이 손 편지를 눈여겨 봐주길 바란다.

계엄의 중대 사유로 지목된 부정선거는 많은 의혹을 제기한다. 그럼에도 불구하고 나라의 체제를 뒤엎으려 한 저들의 입장에서는 한사코 부정선거 의혹을 덮으려고만 한다. 이들 중에는 아무도 부정선거 수사에 관심이 없다. 그저 대통령은 내란 우두머리 중범죄자로 처벌 되어야 할 대상일 뿐이다. 소속 당이 먼저냐 나라가 먼저냐를 생각한다면 어찌해야 할지 답이 나올 것이다. 조중동, 민노총, 전교조, 경기동부연합 등 좌파 세력들은 나라가 나락으로 떨어진다 해도 관심이 없다. 그저 어찌됐건 윤 대통령을 끌어 내리고 여러 건의 재판 중인 이재명을 나라의 우두머리로 세우는 것만이 관건인 듯하다. 자신들의 목적을 위해서는 어떤 수단과 방법을 가리지 않고 동원할 것이라는 의심을 가져본다.

총살 없는 전쟁인가? 자유주의를 수호하는 편과 공산주의(전체주의)를 지향하는 편들의 체제 싸움이다.

소년 다윗의 골리앗과의 싸움이 생각난다. 떨고 있는 이스라엘과 거인 골리앗의 싸움에서 소년 다윗은 "여호와의 이름"을 걸고 물맷돌 다섯 개를 주머니에 넣었다. 물맷돌 하나를 돌려 골리앗의 이마를 맞추니 거인 골리앗이 쓰러졌다. 다윗은 달려가 쓰러진 골리앗의 칼을 빼어 골리앗의 목을 베었다. 이에 블레셋군은 후퇴하고 이스라엘군은 승리의 함성을 질렀다. 하나님의 싸움은 이처럼 예측할 수 없음을 생각해 본다.

2025년 1월 16일 아침.

45. 가만히 있어

"여호와께서 너희를 위하여 싸우시리니 너희는 가만히 있을지니라"(출 14:14)

이 말씀은 이스라엘 백성들을 출애굽 시킨 후 백성들이 홍해 앞에 다다랐을 때의 일이다. 앞에는 홍해, 뒤에는 애굽 군사들이 뒤쫓아 오므로, 이스라엘 백성들은 궁지에 몰리게 되었다. 이때 백성들이 할 수 있는 것은 아무것도 없었다. 오직 하나님만 바라볼 뿐이었다. 이때 지도자였던 모세는,

"두려워하지 말라."
"가만히 서서 여호와께서 행하시는 구원을 보라."
"이 애굽 사람을 영원히 다시 보지 아니하리라."고 말했다.

모세가 손에 든 하나님의 지팡이를 내미니 홍해가 갈라졌다. 홍해는 좌우에 물 벽이 생기고, 물 벽 사이에 길이 뚫렸다(출 14장). 홍해에 길이 나자 백성들은 홍해를 마른 땅으로 건넜

다. 백성들은 홍해를 모두 건너고, 애굽 군사들이 그 뒤를 따라 홍해 길에 들어섰다. 그러자 모세는 또다시 홍해를 향해 하나님의 지팡이를 내밀었다. 홍해의 물 벽은 허물어져 홍해는 원상복귀 되었다. 그러면 어찌 되는지 상상이 갈 것이다. 뒤따라 들어오던 애굽 군사들은 모두 수장되고 말았다. 다시는 이 애굽 군사들을 볼 수 없게 되었다. 하나님의 일하심은 이토록 위대하시다.

　오늘날 대한민국에 "내가 우두머리가 되겠다."고 다투나 모든 것은 하나님의 손에 있음을 알아야 할 것이다. 애굽 군사들처럼 "닭 쫓던 개" 꼴이 되지 않으려면, 자신이 위 애굽 군사에 해당한다고 생각되면, 속히 돌이켜야 살 수 있으리라. 사람은 본디 양심이 있는 법, 저마다 자신의 양심은 속일 수 없으리라. 내가 지금 떳떳이 살고 있는가? 사람마다 양심의 법을 지켜야 할 것이다. 누구는 나라 위해 목숨 건 행보를 하는데, 누구는 또 자신의 명예와 이득을 위해 행보하는가? 사람은 크게 보면 세 가지로 분류해 볼 수 있다. 첫째는 양심을 위해 사는가? 둘째는 양심을 버리고 사는가? 셋째는 중도 층, 또는 예외적인 경우도 있을 것이다. 우리는 나그네 같은 인생, 화살과 같이 빠른 인생에 어찌 살아야 할지 깊이 생각해 봐야 한다. 왜냐면? 죽음 후에는 반드시 심판이 있기 때문이다.

"한 번 죽는 것은 사람에게 정해진 것이요 그 후에는 심판이 있으리니"(
히 9:27)

2025년 1월 17일 아침.

46. 서로 사랑하라

사랑은 모든 허물을 덮기 마련이다(잠 10:12). 죄는 미워도 사람은 사랑해야 한다. 죄 지은 자의 미움은 하나님의 몫이다. 그러나 하나님을 대적한다면 사람의 사랑도 무의미하다. 사람은 미워한다할지도 하나님은 대적할 이유가 없음이다.

하나님은 인생들에게 비를 주시고, 공기를 주시고, 햇빛을 주시고, 자연의 아름다움을 주셔서 은총을 내리시는 분이시기 때문이다. 감사, 보은하는 삶은 못되어도 하나님을 대적하지는 말아야 할 인생들이다. 하나님이 세운 지도자들 또한 대적하지 말 것이다. 하나님께 자기 죄가 가리어진 자들은 복된 자들이다(시 32:1). 그러나 하나님을 대적하면 자신의 죄가 어찌 가리어 지리요. 하나님 앞에는 모든 것이 드러나기 마련이다.

죄가 가리어진다는 것은? 죄를 돌이키고 회개하여 죄 사함 받았다는 뜻이다. 그러므로 "회개하라! 천국이 가까워졌느니라." 사람들이 서로 사랑하는 것은 하나님의 명령이다. 사랑할 대상자여서가 아니라 하나님의 명령이기 때문이다. 구원은 여호와께(하나님께) 속했다(욘 2:9). 하나님의 구원을 받을 것인가? 아니면 하나님의 정죄를 받을 것인가? 사람들은 각자의 판단을 잘 해야 할 것이다. 이 땅의 부귀영화에만 급급해 하는 사람들은 하나님의 시선을 주의하라. 그러나 모든 것을 잃을지언정 의를 위해 싸우는 자들은 복이 있으리라.

사람들아!
서로 사랑하라. 때가 악하고 주님의 재림이 가까웠느니라. 마지막 날 서야 할 심판대를 생각하라. 욕심을 버리고 남을 나보다 낫게 여기라. 내 짐을 지고 남의 짐을 도우라. 대한민국은 한민족이라. 싸우지 말고 서로 사랑하라.

2025년 1월 17일 낮.

47. 개마고원

"개마고원"은 북한 땅이다. 한반도에서는 가장 넓은 고원이다.

우리는 이 땅을 소망해야 한다. 이 땅에 들어가 산업화를 형성해야 한다. 그 때를 위해 기도하며 준비해야 한다. 목회자들은 이때를 위해 많은 신학생들을 배출해야 한다.

교회가 많다고 비평하지 말라.

목사가 많다고 비평하지 말라.

모든 것은 하나님의 손에 있다. 아직은 남한에 분열이 있어 지체되지만 남한 내 분열이 해결되면 그곳에 들어갈 길을 열리라. 북한을 두둔하지 말라. 북한은 남한에 흡수되어야 할 것이다.

그러므로 북한 사상은 모두 버리라. 앞에서도 기록했지만 하나님의 백성들을 괴롭히고 저지하는 일만은 특별히 버려야 할 일이라.

교회는 사회에 공을 많이 세우라. 물질을 풀라. 쌓아 놓은 물질을 사회에 풀라. 퍼내면 채워지는 것이 샘물이니라. 교회는 샘물과 같으니라.

　모든 일에 먼저 기도하고 하나님을 의지하라. 믿음은 큰 재산임을 알 것이라. 예수 그리스도의 믿음 위에 굳건히 서라. 일을 계획하시고 이루시는 분은 하나님이시라. 모든 경영을 하나님께 맡기고 나아가라.

　개마고원! 꿈을 품는 자는 이루리라.

2025년 1월 17일 낮.

48. 진리 되신 예수

"예수께서 이르시되 내가 곧 길이요 진리요 생명이니 나로 말미암지 않고는 아버지께로 올 자가 없느니라"(요 14:6)

하나님은 이 땅에 진리 되신 예수를 보내 주셨다. 그렇다면 진리의 잣대는 예수시다. 예수는 사람들의 죄를 모두 짊어지고 십자가에서 죽으셨다. 이는 십자가에서 인간의 죄가 죽은 것이다. 대신 의가 살아났다. 그러므로 예수를 영접하면 내 죄는 죽고 내 의는 살아난 셈이다. 죄가 죽고 의가 살아나면 의의 하나님을 만날 수 있다. 예수는 곧 하나님과 인간 사이에 죄로 막힌 담을 허신 것이다.

이제 예수 그리스도의 의를 덧입어 하나님의 백성이 될 수 있는 길이 열린 것이다. 또한 죄로 인해 죽어버린 생명이 다시 살림 받는 길도 열린 것이다. 누구든지 예수를 영접하는 자는 구원을 받게 된다는 뜻이다. 본디 인간은 원죄가 있어 죄인임을 안다면 지금 바로 예수 안에 들어오기를 바란다.

불의, 추악, 탐욕, 악의, 시기, 살인, 분쟁, 사기, 악독, 수군 수군, 비방, 미움, 능욕, 교만, 자랑, 악 도모, 부모 거역, 우매, 배약, 무정, 무자비 등 이러한 것들이 모두 죄다(롬 1:29-31). 이중 하나에만 해당되어도 죄인인 것이다. 그러므로 의인은 하나도 없다는 것이다(롬 3:10).

의인이 되는 길은 예수 그리스도로 옷 입는 것뿐이다. 의의 옷을 입고 진리 안에 서야 하나님의 구원을 받을 수 있다.

"그런즉 누구든지 그리스도 안에 있으면 새로운 피조물이라 이전 것은 지나갔으니 보라 새 것이 되었도다"(고후 5:17)

2025년 1월 17일 낮.

49. 계엄의 수난

2024년 12월 3일 밤 대통령의 권한인 비상계엄령이 선포되었다. 사상자 없이 약 2시간 반 후 국회의 표결에 의해 해제되었다. 그 후 국회는 2차에 걸쳐 대통령 탄핵소추를 가결 받았으며, 12월 14일 밤 대통령은 국회에서 탄핵되고 말았다. 대통령은 이제 헌법 재판소(헌재)의 재판을 받게 된다. 180일 내에 기각이냐? 인용이냐? 결정이 따른다. 부정선거 의혹도 헌재의 도마 위에 올라왔다.

새해를 맞아 공수처가 경찰 국수본(국가수사본부), 서부지법과 합세하여 2차에 걸친 체포 영장을 치고, 결국 1월 15일 대통령은 체포되었다. 대통령은 유혈사태를 막기 위해 공수처의 2차 체포영장에 응했다. 수사가 진행 중이나 대통령은 묵비권을 행사했다는 소식을 접했다. 사실 두세 시간의 계엄보다는 계엄 후 일어난 일들은 사회와 나라를 한층 더 소란스럽게 만들고 있다. '내란죄'의 수사권이 없는 공수처, 대통령의 불 소추 특권, 원칙을 벗어난 서부지법의 영장 등 많은 논란으로 계엄보다 더욱 혼란스런 사회가 야기되고 있다.

하나님은 17일에 걸쳐 이 글을 쓰게 하셨지만, 이 글이 사회에 영향을 미칠지는 모르겠다. 그러나 글은 몇몇 사람이 읽더라도 필요하다. 몇몇 사람을 통해서도 사회는 많은 변화를 일으킬 수 있기 때문이다. 지난해 12월 중에 글을 쓰라 명하셨지만 그렇게 하지 못했다. 새해가 되면 쓰겠다고 그저 미루었는데, 막상 새해가 되니 글을 쓰지 않고는 견뎌낼 재간이 없었다. 2025년 새해를 맞아 1월 1일 새벽부터 오늘 1월 17일 밤까지 49편의 글을 마무리하게 된다. 계엄으로 인한 대통령의 수난과 함께 나라의 수난도, 글을 쓰는 수고도 더해졌다. 대통령의 손 편지를 통해 계엄을 하길 잘 했다는 소식을 접했다. 필자 또한 뭐라도 해야 할 것 같은 마음에, 글을 쓰길 잘 했다는 생각을 해본다. 계엄의 위험성을 무릅쓰고 계엄령을 내렸던 대통령의 마음처럼, 국민들의 마음 또한 그러하리라. 그 마음은 무엇보다 자유민주주의를 수호하고자 하는 마음이다. 하나님의 역사하심에 따라 대통령의 계엄이 나라에 전화위복의 기회가 되길 간절히 바란다.

2025년 1월 17일 밤.

50. 시를 통한 메시지

대한의 영광아!

살을 에는 듯 영하의 추위
혼란스런 국정운영의 사회
우리 주님 오시면 좋으련만
오늘도 기별 없이 흐르겠구나.

하는 일에 마침표를 찍어야 하는
그대들은 무엇이 중요하오?
서 있는 자리마다 나라의 사명감은
흔들리지 말지언정 꿋꿋한 마음이여라.

울며불며 일구어 놓은 부와 영광!
잃을 쏘면 잃은들 어떠냐?
나라 잃은 설움에 비하랴?
대한의 영광 찾아 길이길이 살세!

2025년 1월 10일.

애국자들이여!

흰 눈 쌓이면
무엇이 떠오르나?

오늘의 황당한 상황에
흰 눈마저 애석하구나.

나라 잃을까 빼앗길까?
후손들에게 물려 줄 나라

차디찬 아스팔트 한파에
나라 찾아 앉은 인간 눈꽃!

후손 위해 자신의 추위 감추고
동장군 된 무리들의 아픔이여

속히 그대들의 소원 이루어
따뜻한 아랫목 차지하소서!

2025년 1월 9일.

일어서라 대한민국

긴 역사 어디로 갔나?
피의 역사 어디로 갔나?
전쟁도 이겨낸 역사여!

아프고 쓰린 상처 싸매고
일어서라 대한민국이여!
돕는 자 널 속히 도우리라!

하나 된 평화 이루어
기쁨 가득한 소식이여
기도하고 기도하노라.

분쟁 없는 대한민국 오라!
하늘의 평화 대한민국 오라!
반만년 역사여 굳건히 서라!

2024년 12월 6일.

중요한 준비

낙엽이 지고
찬 서리 내리고
찬바람이 얼굴을 때립니다.

겨울은 끝이 아니요
또 다른 시작을 만들기 위한
준비 기간 입니다.

인생의 끝자락도 마찬가지
또 다른 시작을 만들기 위한
준비 기간인 것을…

봄에 씨앗을 뿌리지 않으면
가을에 수확이 없듯이
인생 또한 그렇습니다.

사람의 영혼이
영생하기 위해
중요한 준비를 해야 합니다.

점과 흠과 티가 없이
십자가 사랑의 보혈로
죄 씻김 받아야 합니다.

2024년 11월 27일.

찬 서리에 핀 장미꽃

마지막 꽃송이의 열광!
누굴 위해 그리도 예쁘나?
오가는 나들이 손님들께
무거운 발걸음 쉬게 하니
카메라에 슬쩍 담아 가련다.

핑크와 화이트 색채 어우러져
뽀송뽀송 방글방글 수줍은 듯
새색시 고개 숙인 너의 앞에
감상하다 흐뭇한 미소 지으며
따스함이 오래가길 빌어본다.

찬바람 타지 않도록
사방 가리개를 쳤으니
긴 시간 어여쁨 지켜내어
쓸쓸한 마음 널 찾아오거든
그럴 듯 필연이 반겨다오!

2024년 11월 4일.

한 송이 꽃의 희열

화창한 날 저 밑바닥에서
쏘옥 올라온 꽃 한 송이
어느 누가 이토록 예쁜 물감을
색칠하고 또 색칠할 수 있을까?

희열에 희열을 느끼며
끌려드는 섬세함으로 들여다 보건대
너는 어느 별에서 온 누구인지?
어느새 친구 되는 마음을 느낀다.

잠시 잠깐 피었다 가건마는
때가 되면 또 찾아 올 것을 믿기에
함께 공감하는 마음과 마음으로
순간순간을 위로하며 즐긴다.

붉은빛 치맛자락 쪼그라들라치면
안녕이란 슬픈 말 대신
행복했노라 고마운 마음 전하며
내년에 다시 볼 수 있길 기약하네.

2024년 12월 23일.

예수 탄생의 노래

빛을 잃은 흑암을 찾아
귀한 아기 구유에 오시니
우리의 구주 예수시라!

밤하늘 별들이 반짝일 때
크고 큰 새벽별 이 땅에 오시니
온 땅 환히 비추고 남음 있어라.

시아야! 훈이야!
내 맘속에 그분 모시어
어서 일어나 빛을 발하자!

땅 끝까지 그 빛 다다라
하늘빛보다 더 큰 빛 이루어
어둠 없는 영광나라 이루리라!

크고 큰 빛의 나타나심은
온유와 겸손의 주요
우리의 대제사장 예수시라!

2024년 12월 25일.

울 주님 사랑 느껴보소!

많은 사람들 있으나
울 주님 사랑 제일 좋아
우리 사랑 든든히 서네.

오가는 사람들이여!
울 주님 사랑 느껴보소
알면 알수록 신비롭다오.

세상에서 맛볼 수 없는
그 사랑 마음에 담고서
노래하며 노래하는 삶!

저 하늘 시온 본향
환희의 나라 꿈꾸며
울 주님 사랑 느껴보소!

2025년 2월 1일.

울 아버지 집으로

찬 서리 허옇게 쌓인
지붕 위 내려다보니
어느새 추위가 왔구나!

4층에서 내려 본 시야
흙에 발 딛는 사람들은
새벽 일찍 어둠을 깨고

어디론가 제각기
이 땅의 사명을 쌓으려
활기찬 발걸음을 옮기니

저녁이면 다시 돌아오겠지?
낮에도 돌아올 수 있겠지?
언제든 돌아오겠지?

육신의 장막을 벗을 때는
어디로 돌아 갈까나?
부디 울 아버지 집으로 가세!

2024년 11월 9일.

정든 동산에서

해 맑은 날씨에 정든 동산
아래로 운치 길 호수를 등지고
장미원 등나무 벤치에 앉았다.

언제와도 곱게곱게 피는
형형색색 꽃장미들이
변함없는 주의 솜씨 드러내고

제철 맞은 아롱다롱 단풍 꽃은
양옆으로 긴 터널 길을 장식할 새
많은 인파의 시선들을 집중시킨다.

초록동산 길 올라 지나건만
여기저기 머무른 나라 새는
여전히 동산 지킴이 같다.

오래전 오빠네 가족과 처음
이토록 마음의 감동을 울렸건만
이젠 홈 가까이 정든 동산일 줄이야!

너와 나의 만남은 주님의 주선
일찍이 섭리하심과 예정하심에
오늘도 너를 찾아 힐링 차 왔노라.

한없이 인생들에게 내어주는 넌
주의 아들들의 나타나심과 함께
썩어짐의 종노릇에서 해방 하려무나!

갑진년 시월의 마지막 날.

동산의 사랑

땅의 흙으로 빚으시고
생기를 불어 넣으시고
보시기에 심히 좋았더라!

옛적 에덴동산에
아무 대적함 없이
그저 그저 좋았더라!

못된 방해꾼의 등장은
들짐승 중 가장 간교한
너의 정체는 사탄이라.

보기 좋은 사랑 가르고
아픈 마음 뒤로한 채
동산에서 내쳤다오.

다시 회복시키고자
다시 인간 틈에 오심은
그 사랑이 그리움이라!

2025년 2월 2일.

옛 동산의 아름다움

동산의 아름다움은
금으로 쌓인 길이요
동산을 적시고 흐른 네 강이라.

진주와 붉은 줄무늬 보석도
그 동산에 지천이니
아름답고 아름다워라.

아름답고 맛 좋은 열매들!
생명을 주는 생명나무 열매는
언제든 먹을 수 있으나
선악을 알게 하는 나무 열매는
먹으면 반드시 죽으리라.

많은 나무들은 보기에도 아름답고
썩지 않는 자연은 공해도 없으니
참으로 살고 싶은 동산이라.

동산에서 발원한 네 강은

금이 있는 하윌라 땅을 두른 비손 강
구스 온 땅을 두른 기혼 강
앗수르 동쪽으로 흐른 힛데겔 강
지금도 이름 있는 유브라데 강이라.

2025년 2월 2일.

어머니의 희생

펄펄 날리는 눈 추위에
섣달그믐 구정을 맞아
그 옛적 어머니 생각에
울컥한 마음만 솟아오르네.

당신의 몸체보다 더 큰
김 보따리 머리에 이고
한 푼이라도 벌어야 한다니
그 추위 어찌 감당했을까?

사시사철 이리저리 뛰시며
칠남매 잘 키우고자 하신
그 열정과 희생과 사랑 앞에
많은 생각을 걸어 보지만…

따라갈 수 없는 사랑의 희생은
스마트 시대를 맞은 후손들에게
오늘도 날리는 눈 추위를 바라보며
그 시절 어머니를 마냥 그리워하네.

2025년 1월 28일.

아플사(瘝)

이른 새벽
구속의 속보
참담한 사회
초유의 역사

새벽의 외침
하늘의 울림
통치의 권세
땅위의 혼돈

역사의 증인
선악의 증인
올바른 양심
회복된 나라

2025년 1월 19일.

* 대통령 구속 속보에 뭐라 말할 수 없음을, 그저 머리속에 떠오른 단어들로 표현했다. "아플사"는 필자의 마음이 아픔을 표현해 주고 있다.

꽃을 보며

꽃을 보며 아름다운 마음을 그려 봅니다.
꽃을 보며 생명의 소중함을 생각해 봅니다.
꽃을 보면 인생의 다양함도 느껴집니다.
상처 난 꽃에서 사람들의 아픈 마음도 느껴집니다.

꽃을 보며 창조주 하나님의 다스리심에 감사합니다.
꽃을 보며 내 인생은 어디쯤 왔을까도 그려봅니다.
모든 만물은 제각기 썩어질 것이기 때문입니다.
모든 만물이 주께로부터 말미암고 주께로 돌아갑니다.

많은 사람들이여! 많은 영혼들이여!
썩어질 모든 것들은 영원하지 않음을 깨달으소서!
우리의 인생도 그렇다오.
꽃의 영화도 인생의 부귀영화도 막을 내릴 때가 있다오.

길은 하나, 예수 안에 다시 살림 받아야 합니다.
예수께로 나아와 새사람을 입어야 합니다.
피조물들도 썩어짐의 종노릇에서 해방되길 고대합니다.
새로운 피조물은 예수 안에 영원한 삶을 누립니다.

2024년 12월 27일.